国家社会科学基金青年项目"可持续发展目标下多层级政策性担保体系的层级衔接机制研究"（项目编号：19CGL014）

宋卓霖 著

金融科技时代小微企业融资之路

The Financing Road of Small and Micro Enterprises in the Era of FinTech

经济管理出版社
ECONOMY & MANAGEMENT PUBLISHING HOUSE

图书在版编目（CIP）数据

金融科技时代小微企业融资之路/宋卓霖著． —北京：经济管理出版社，2022.10
ISBN 978-7-5096-8789-5

Ⅰ.①金… Ⅱ.①宋… Ⅲ.①中小企业—企业融资—研究—中国 Ⅳ.①F279.243.56

中国版本图书馆 CIP 数据核字（2022）第 194287 号

组稿编辑：申桂萍
责任编辑：申桂萍　李光萌
责任印制：黄章平
责任校对：张晓燕

出版发行：经济管理出版社
（北京市海淀区北蜂窝 8 号中雅大厦 A 座 11 层　100038）
网　　址：www.E-mp.com.cn
电　　话：（010）51915602
印　　刷：唐山玺诚印务有限公司
经　　销：新华书店
开　　本：720mm×1000mm/16
印　　张：10.75
字　　数：163 千字
版　　次：2022 年 10 月第 1 版　2022 年 10 月第 1 次印刷
书　　号：ISBN 978-7-5096-8789-5
定　　价：58.00 元

·版权所有　翻印必究·

凡购本社图书，如有印装错误，由本社发行部负责调换。
联系地址：北京市海淀区北蜂窝 8 号中雅大厦 11 层
电话：（010）68022974　邮编：100038

前　言

金融科技是一个新兴概念，源于实践。从目前来看，金融科技在实践中的应用走在对该问题的学术研究之前。本书对金融科技的解读主要基于现有的学术研究、国内外权威机构所发布的政策文件以及新闻发声，并在其中加入了笔者的观点。

对于内容安排，本书主要遵循了从传统融资到新型融资的逻辑，试图运用经典的金融理论和小微企业融资理论，分析金融科技下小微企业的新型融资方式。在研究方法上，本书综合运用了理论研究、实证研究、案例分析等多种方法。在传统银行的小微企业贷款、P2P 网络借贷以及金融科技下的银行小微企业贷款等章节，为了对三种贷款模式进行深入探讨，本书进行了一定的数据分析。然而在互联网银行贷款部分，为了说明互联网银行的贷款方式和贷款技术，本书主要采用了案例分析的方法。此外，需要指出的是，在对传统银行贷款和 P2P 网络借贷的解读中，笔者使用了博士学位论文中的部分观点和数据。希望读者通过阅读本书，对小微企业的融资现状有比较全面的认知。

由于学术界和社会各界对于金融科技的认知尚未达成共识，很多问题尚无定论，笔者希望大家就这一问题发表各自见解，以达到去伪存真的目的。由于研究能力和时间有限，本书可能会存在疏漏和错误，真诚地期待读者的批评和指教，并在后续版本中加以完善。

目 录

第一章 小微企业的融资背景 1

 第一节 何谓小微企业 1

 第二节 小微企业的发展现状与融资问题 3

 第三节 企业融资理论与小微企业融资 4

 第四节 小微企业的融资方式 9

第二章 小微企业贷款方式与贷款技术 19

 第一节 小微企业贷款现状分析 19

 第二节 小微企业贷款技术 27

 第三节 小微企业主要贷款方式 33

第三章 传统商业银行的小微企业贷款 42

 第一节 传统商业银行的小微企业贷款发展现状 42

 第二节 传统商业银行对小微企业贷款的案例分析 54

 第三节 中国融资担保业的发展及国际借鉴 60

第四章 金融科技与互联网金融 …… 66

第一节 金融科技与互联网金融的定义 …… 66
第二节 金融科技、互联网金融与小微企业融资 …… 67
第三节 金融科技时代下的新型金融模式 …… 73

第五章 P2P 网络借贷 …… 79

第一节 P2P 网络借贷的产生与发展 …… 79
第二节 P2P 网络借贷平台的运行模式和产品 …… 82
第三节 P2P 网络借贷中的借贷双方行为 …… 87
第四节 P2P 网络借贷的贷款方式与贷款技术 …… 93
第五节 小微企业 P2P 网络借贷的风险甄别机制 …… 100

第六章 互联网银行的小微企业贷款 …… 113

第一节 互联网银行的起源与发展 …… 113
第二节 互联网银行的小微企业贷款 …… 121
第三节 互联网银行贷款、商业银行贷款与 P2P 网络借贷的比较 …… 131

第七章 金融科技时代下商业银行的小微企业贷款 …… 135

第一节 商业银行金融科技的整体发展现状 …… 135
第二节 银行业技术创新的应用价值分析 …… 140
第三节 现代信息技术在商业银行技术创新中的应用 …… 144
第四节 金融科技时代下的银行小微企业贷款 …… 146

参考文献 …… 149

附　录 …… 164

第一章 小微企业的融资背景

第一节 何谓小微企业

小微企业是小型企业与微型企业的简称。如何界定小型和微型企业？一般而言，员工人数、营业收入和资产规模是划分小微企业的主要依据，同时，由于各国经济发展水平存在差异，其划分标准也会有所不同。表1-1展示了国内大型、中型、小型和微型企业的划分标准。从中可以看到，小微企业的划分标准因行业而异。例如，在批发业，对小型企业的认定标准为，营业收入在1000万~5000万元，而在农、林、牧、渔业，小型企业的营业收入只要满足50万~500万元即可。此外，需要注意的是，由于存在多个划分依据，在判断某一企业是否属于小微企业时，应综合考虑其员工人数、营业收入水平和资产规模。

表1-1 中小微企业划分标准

行业名称	指标名称	大型	中型	小型	微型
农、林、牧、渔业	营业收入（万元）	20000及以上	500及以上	50及以上	50以下
工业	营业收入（万元）	40000及以上	2000及以上	300及以上	300以下
	从业人员（人）	1000及以上	300及以上	20及以上	20以下

续表

行业名称	指标名称	大型	中型	小型	微型
建筑业	营业收入（万元）	80000 及以上	6000 及以上	300 及以上	300 以下
	资产总额（万元）	80000 及以上	5000 及以上	300 及以上	300 以下
批发业	营业收入（万元）	40000 及以上	5000 及以上	1000 及以上	1000 以下
	从业人员（人）	200 及以上	20 及以上	5 及以上	5 以下
零售业	营业收入（万元）	20000 及以上	500 及以上	100 及以上	100 以下
	从业人员（人）	300 及以上	50 及以上	10 及以上	10 以下
交通运输业	营业收入（万元）	30000 及以上	3000 及以上	200 及以上	200 以下
	从业人员（人）	1000 及以上	300 及以上	20 及以上	20 以下
仓储业	营业收入（万元）	30000 及以上	1000 及以上	100 及以上	100 以下
	从业人员（人）	200 及以上	100 及以上	20 及以上	20 以下
邮政业	营业收入（万元）	30000 及以上	2000 及以上	100 及以上	100 以下
	从业人员（人）	1000 及以上	300 及以上	20 及以上	20 以下
住宿业	营业收入（万元）	10000 及以上	2000 及以上	100 及以上	100 以下
	从业人员（人）	300 及以上	100 及以上	10 及以上	10 以下
餐饮业	营业收入（万元）	10000 及以上	2000 及以上	100 及以上	100 以下
	从业人员（人）	300 及以上	100 及以上	10 及以上	10 以下
信息传输业	营业收入（万元）	100000 及以上	1000 及以上	100 及以上	100 以下
	从业人员（人）	2000 及以上	100 及以上	10 及以上	10 以下
软件和信息技术服务业	营业收入（万元）	10000 及以上	1000 及以上	50 及以上	50 以下
	从业人员（人）	300 及以上	100 及以上	10 及以上	10 以下
房地产业	营业收入（万元）	200000 及以上	1000 及以上	100 及以上	100 以下
	资产总额（万元）	10000 及以上	5000 及以上	2000 及以上	2000 以下
物业管理	营业收入（万元）	5000 及以上	1000 及以上	500 及以上	500 以下
	从业人员（人）	1000 及以上	300 及以上	100 及以上	100 以下
租赁和商务服务业	资产总额（万元）	120000 及以上	8000 及以上	100 及以上	100 以下
	从业人员（人）	300 及以上	100 及以上	10 及以上	10 以下

资料来源：《中小企业划型标准规定》（工信部联企业〔2011〕300 号）。

第二节　小微企业的发展现状与融资问题

一、小微企业的发展现状

小微企业是一国经济的重要组成部分。相对于大企业，小微企业不仅具有数量上的优势，在创造就业和增加社会财富等方面的表现也较为突出。[①] 根据2014年3月发布的《全国小型微型企业发展情况报告（摘要）》，截至2013年底，小微企业占比76.57%，而加入个体工商户之后，该比重进一步提高，高达94.15%。在经济贡献方面，《2018年中国小微企业融资研究报告》中指出，目前我国小微企业生产的最终产品和服务在GDP中占比约60%，贡献了约50%的国家税收。

然而，相较于小微企业对经济和社会的重大贡献，其成长过程中面临着许多困难，其中，"融资难"是制约小微企业发展的重要瓶颈。

二、小微企业的融资问题

一直以来，小微企业的融资问题都是学术界和社会各界关注的热点问题。小微企业融资具有"短、小、急、频率高"的特征，即融资期限短、融资金额小、融资需求急、融资频率高，这对银行等金融机构和金融产品提出了较高的要求。并且，小微企业自身存在不足之处，阻碍了其银行贷款融资、股权融资和债券融资的顺利进行。首先，小微企业存在信息不透明的问题。大量的小微企业无法提供规范、可靠的财务报表，商业银行与其他投资者无法获取企业信

[①] 林毅夫，李永军. 中小金融机构发展与中小企业融资 [J]. 经济研究，2001 (1)：10 - 18.

息，资金供需双方之间存在严重的信息不对称。其次，小微企业固定资产有限，可用于抵押的资产不足，这也是小微企业融资难的重要原因。调查显示，小微企业由于无法提供足值抵押品而被银行拒贷的比例约有32.3%。由于小微企业无法提供规范的财务报表和足值的抵押品，银行与其他投资者在判断其信用状况和还款能力时，需要依托于企业和企业主相关的软信息。然而，软信息具有较高的生产和传递成本，银行和投资者的贷款和投资成本会因此增加，银行和投资者将缺乏动力向小微企业提供融资服务。最后，在企业经营方面，相较于大中型企业，小微企业的资产规模偏小，往往存在经营不善、治理机制不健全等问题，这些都会降低企业偿债能力，增加其经营的不稳定性，最终提高企业的破产风险。在经济下行的背景下，银行对小微企业的贷款将更加谨慎，可能存在惜贷现象；其他投资者也会向小微企业收取更高的风险溢价，使企业融资成本提高。

第三节　企业融资理论与小微企业融资

　　根据融资来源，企业融资方式可分为内源融资与外源融资。内源融资是指从企业内部融取资金，资金来源主要是企业留存收益等自有资金。外源融资可进一步划分为间接融资（即银行贷款）和直接融资（如发行股票和债券）。不同的融资方式各有利弊。内源融资的融资成本较低，但融资规模有限；外源融资能够有效扩大融资规模，满足企业融资需求，但融资成本较高。在不同的融资环境下，企业对融资方式的选择将有所差异。关于企业融资方式选择，存在几种不同的理论。本书将根据这些理论，对中小微企业的融资策略进行分析。

一、静态权衡理论

MM 定理指出，在不考虑税收因素与交易成本等一系列因素的假设下，公司价值不会受到融资方式选择的影响。之后，Modigliani 和 Miller（1963）提出了修正的 MM 定理。该定理认为，在有税条件下，由于企业负债的利息费用是在所得税缴纳前支付，利息可用来抵减公司所得税，即债务融资具有"税盾效应"。但该模型仅考虑了公司所得税，而忽视了个人所得税。Miller（1977）对个人所得税的影响进行了考虑，发现对持股与持券收入征收个人所得税将在一定程度上抵减企业负债融资带来的收益，但负债的税盾效应不会完全消失，财务杠杆对公司价值仍有正面影响。

根据修正后的 MM 定理，为了实现公司价值的最大化，应尽量提高债务融资的比例，企业的最优资本结构应是 100% 负债融资，但这与现实明显不符。

MM 定理的相关结论是在完美市场的假定下得出的，忽视了负债成本的存在。事实上，随着债务融资比例的上升，企业破产风险将会增加。一旦破产，公司需要支付咨询费以及资产评估和清理带来的相关费用，这些构成了破产的直接成本。除直接成本之外，资产低价出售也会导致相应损失，这些相关损失即为破产的间接成本。将负债的破产成本引入研究，逐渐产生了权衡理论。Kraus 和 Litzenberger（1973）对权衡理论进行了阐述，提出企业的最优杠杆率由债务的税盾效应与破产成本之间权衡决定。Bradley 等（1984）、Myers（1984）以及 Diamond（1998）又分别对负债成本与收益进行了扩展，将财务困境成本和代理成本纳入了对负债成本的考量，又将负债带来的收益从原来所讨论的税盾效应拓展到其他的非税收收益方面。其中，财务困境成本是指企业因负债过多发生财务危机，而由此产生的费用。具体来说，财务困境成本包括因破产造成的直接费用，以及因财务危机而产生的固定资产失修、存货过期等问题所造成的损失等。随着杠杆率的提高，企业利息费用增加，更有可能受盈余波动的影响而陷入财务困境。在代理成本方面，股东和债权人之间的代理问题会导致资产替代效应。负债的非税收收益主要体现在负债减轻了股东与管理者之间的代理问题,提高了管理者的工作效率,并发挥了自由现金流效应,减少了低效率投资行为①。在此基础上,静态权衡理论得到了进一步的发展完善,该理论认为企业存在最优的资本结构,是对债务融资的边际收益与边际成本进行权衡之后的结果。

Ang(1992)将权衡理论与小微企业融资问题相结合,发现对小微企业来说,债务的税盾效应相对较小,企业缺乏动机利用负债融资来抵减税收,并从企业组织形式、借款成本等方面分析了该现象产生的原因。从组织形式来看,大部分小微企业为独资或合伙企业,公司利润即为企业主的个人收入,公司所得税与企业主的个人所得税紧密相连。因此,负债的税盾效应虽然提高了小微企业的利润,但与此同时也导致了个人所得税的应税收入增加。从借款成本来看,当企业主向银行或亲友借款时,需支付较高的借款成本,以弥补债权人因利息收入而额外缴纳的利息所得税。另外,小微企业具有资产规模小、经营不稳定等特征,也会导致较高的借款利率。因较高的借款成本所产生的利息费用往往超过了负债带来的避税收益。

从负债的边际成本来看,一方面,对小微企业来说,负债的破产成本相对更高。原因主要有以下两点:首先,与大企业相比,小微企业经营稳定性较差,举债带来的破产风险更高。其次,对小微企业来说,企业破产可能会直接影响到企业主个人及其家庭的生活,为了避免这种情况的发生,企业主也不愿过多地举债②。另一方面,在负债的代理成本方面,小微企业在组织形式上多为独资或合资企业,企业所有者同时担任着管理者一职,不存在股东—管理者代理问题。但由于组织结构的不完善,财务规范性差,信息透明度低,股东—债权人代理问题却比较严重,由此产生的代理成本也就更大。

---

① Jensen M C. Agency Costs of Free Cash Flow, Corporate Finance, and Takeovers [J]. The American Economic Review, 1986, 76 (2): 323 – 329.

② 黄东坡. 中小企业融资结构理论述评 [J]. 征信, 2013, 31 (9): 85 – 88.

二、信息不对称与融资优序理论

Myers 和 Majluf（1984）将信息不对称理论用于研究公司为新项目融资的财务决策，提出了融资优序理论。其主要观点为，企业融资方式是对融资成本与融资风险等各项因素进行综合考虑后，按照融资成本最小化原则进行选择。在信息不对称条件下，外部人无法观测到投资项目的真实收益和风险，此时企业对融资方式的选择发挥了信号传递作用。股权融资通常被投资者视为一种不良信号，将会导致公司股价被低估，造成股东财富流失。因此，企业的最优融资次序为：首先选择内源融资，这种融资方式成本最低，影响相对较小；当内部资金仍无法满足融资需求时，企业会优先选择影响相对较小的债务融资，最后才是权益融资。

然而，由于小微企业的独特性，Ang（1991）提出了新融资优序理论。具体而言，由于小微企业信息透明度差，经营不稳定性较高，其对贷款的可得性较小，借款成本过高。在这种情况下，当内部资金无法满足融资需求时，小微企业将会优先选择权益融资，最后才考虑债务融资。但鉴于中小微企业很难在公开资本市场融资，主要的权益融资方式是原投资者追加投资或引进新投资者。

三、控制权理论

控制权理论主要探讨了公司控制权与资本结构之间的关系。不同的融资方式对公司控制权分配的影响是不同的：普通股有投票权而债券则没有，股票持有者可以通过行使投票权来分散经理人对公司的控制权；企业破产机制以及贷款合约的附加条款也在某种程度上赋予了债权人对企业的控制权力。

Harris 和 Raviv（1988）从经理人收益入手，考察了企业最优控制权分配方案，以及与此相对应的资本结构。模型假定经理人的收益包括两部分：股票分红和通过对公司的控制权所实现的私人收益。一旦企业被收购，经理人一职可能更换他人，原经理人将会失去对企业实际控制权，由此导致了私人收益的损失。但企业被收购也有可能为原经理人带来额外的收益，具体来说，当新经理人的管理能力高于原经理人时,企业的盈利水平会有所提高,这样原经理人可凭借其持有的股份获得更多的股票分红。经理人会对收购带来的成本与收益进行衡量,并通过调整手中持股比例来影响企业被收购的概率,以实现自身利益最大化。然而经理人对持股比例的调整往往通过负债融资来实现,因此,经理人的决策会直接影响企业的资本结构。最终,研究得出结论如下:对企业的收购活动会引起负债水平的上升。Stulz 将模型的目标函数设定为股东利益最大化,而不是经理人收益最大化[1]。股东通过对经理人的现有持股比例进行调整来影响企业被收购的概率。

然而,以上两个研究忽略了控制权分配的契约本质,Aghion 和 Bolton(1992)弥补了这一不足,将不完全契约的观点用来分析企业控制权分配问题。在模型构建中,利益相关者包括股东、债权人与经理人,并假定经理人与股东、债权人等外部投资者之间均存在利益冲突,模型以最大化经理人与外部投资者的效用总和为目标。其中,经理人的收益由项目收益与私人利益两部分构成,而外部投资者的收益仅来自于项目收益。研究结论为:当经理人利益与整体利益一致时,最优的控制权分配方案是将公司控制权分配给经理人,通过发行优先股来融资;若外部投资者与整体利益一致,则应由外部投资者掌握控制权,通过发行普通股融资;当整体利益与经理人和外部投资者的利益都存在矛盾时,应根据具体情形调整对公司控制权的分配,这种情况下需采用一定比例的负债融资。

Chittenden 和 Hutchinson(1996)提出,对企业控制权有强烈意愿的企业主一般较少采取以企业增长为导向的发展战略,在资本结构方面也更偏好内源融资。当不得不采用外源融资时,这些企业主通常也不会选择引入外部股权资金,而是采用短期债务融资,甚至不惜支付较高的贷款成本。对小微企业来说,引进外部股权资金,一方面可以起到风险分散作用,促进企业快速发展,提高公司价值;但另一方面,外部股权资金的加入也会不可避免地削弱企业所有者的控制

---

[1] Stulz R. Managerial Control of Voting Rights: Financing Policies and the Market for Corporate Control [J]. Journal of Financial Economics, 1988 (20): 25-54.

权。因此，企业主在对融资方式的抉择中，必须要在维持控制权与促进企业发展这两者之间进行权衡。

四、金融成长周期理论

企业生命周期包括诞生期、成长期、成熟期与衰退期四个阶段。Berger 和 Udell（1998）分析了中小企业在不同成长阶段的融资策略，在此基础上形成了金融成长周期理论。金融成长周期理论的主要观点为：企业在不同发展阶段的资产规模、对资金的需求以及信息披露程度存在显著差异，因此其最优融资方式也会发生变化。具体而言，当企业处于诞生期时，其资产规模偏小、财务信息不完善、信息不透明程度高，不易获得银行贷款，对外股权融资难度也较高，此时，内源融资是企业主要的融资方式。进入成长期以后，企业资产规模扩大，可抵押资产增加，并且业务记录方面的积累也提高了企业的信息披露程度，此时企业将通过向金融机构借款进行融资。当企业进入成熟期之后，财务制度逐渐规范，信息透明度也较高，具备了进入公开资本市场融资的条件，因此权益融资成为了企业主要的融资方式，该阶段企业的权益融资比例有所上升，而负债融资比例下降。

第四节　小微企业的融资方式

一般而言，小微企业可通过发行股票、发行债券、向银行借款、商业信用等渠道进行外部融资。下面，将主要对这几种融资方式进行介绍。

一、股权融资

多层次资本市场为小微企业股权融资提供了可能性（见图 1-1）。在多层次资本市场体系下，主板市场对发行者的要求最高，不仅要求发行前公司股本数额不低于5000万元，还要求企业具有较高的盈利性（发行前三年累计净利润超过3000万元），其融资者以成熟期的大型企业为主。中小板和创业板的上市要求较主板市场相对宽松，中小板要求企业发行前股本数额不少于3000万元，创业板要求企业发行前净资产不低于2000万元，发行前两年累计净利润不低于1000万元。由发行要求可知，中小板市场的融资者主要为成熟期中小企业，而创业板则主要适用于成长期中小企业和科技型企业。以上三层为场内市场，不适合小微企业融资。中小企业股权转让系统（新三板）和区域性股权交易市场属于场外市场，对企业资产无限制，可为初创期小微企业提供融资服务。目前，在区域性股权交易市场挂牌的企业注册资本最低可达10万元[①]。

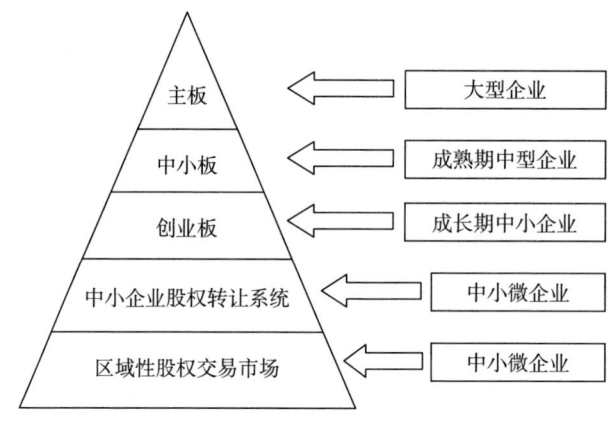

图1-1 中国多层次资本市场的构成

虽然目前我国资本市场有了长足发展，但小微企业股权融资难度仍较大。首先，对小微企业而言，中小板和创业板的上市门槛过高，真正能够获得上市机会的小微企业比较少。其次，虽然新三板对企业的要求远低于中小企业板和创业板，但相对于小微企业的庞大数量，由于新三板和区域性股权交易市场起步较

① 数据来源：Wind数据库。

晚，目前两个市场的交易规模较小，在小微企业股权融资中发挥的作用有限。截至 2018 年底，新三板挂牌公司共 10691 家，总股本 6325 亿股。到 2019 年 9 月，在区域性股权交易市场上挂牌的企业近 11 万家，股份总量约 15.6 亿股①。由这些数据可知，仅依靠新三板与区域性股权交易市场，小微企业的融资需求无法得到满足。此外，风险投资也是企业股权融资的方式之一，初创期的小微企业还可以通过寻求风险投资进行融资，但这种融资方式的适用范围较小，主要为科技型中小企业提供融资，因此风险投资也无法解决广大小微企业的融资问题。最后，鉴于股权融资会使企业股东的控制权受到威胁，当企业原股东对控制权比较看重时，往往会避免采用这一融资方式。基于以上分析，我们认为股权融资在小微企业融资中的作用比较有限。

二、债券融资

为了改善小微企业的融资现状，中华人民共和国国家发展和改革委员会与中国银行间市场交易商协会不断进行尝试，相继推出了中小企业集合债券、中小企业集合票据、中小企业私募债和小微企业增信集合债券、小微企业贷款专项金融债、创新创业公司债等债券类产品（见表 1-2）。这些产品的出现为小微企业债券融资提供了可能。

表 1-2 主要的小微企业债券品种

债券品种	发行主体要求	融资成本	适用对象
中小企业集合债券	股份有限公司的净资产不低于人民币 3000 万元，有限责任公司和其他类型企业的净资产不低于人民币 6000 万元；累计债券余额不超过企业净资产（不包括少数股东权益）的 40%	多重成本，包括票面利率、担保费、承销费、评级费和隐性政府支持成本，成本分摊后相对较低	无法单独发债的中小企业，对资金需求时间较长

---

① 数据来源：Wind 数据库。

续表

债券品种	发行主体要求	融资成本	适用对象
中小企业集合票据	2~10家中小企业，单家企业净资产不低于人民币5000万元，主体信用评级为BBB级及以上；待偿还余额不超过企业净资产的40%	多重成本，包括票面利率、担保费、承销费、评级费和隐性政府支持成本，成本分摊后相对较低	无法单独发债的中小企业，资金需求时间较短
中小企业私募债	企业年营业额收入不低于发债额度，没有净资产和盈利能力要求	一般低于民间借贷利率，不超过同期银行贷款基准利率的3倍	未上市的非房地产、金融类中小企业
小微企业增信集合债券	由政府和商业银行协商选择一家地方融资平台，主体评级AA级以上	以地方融资平台的信用为支撑，利率低于贷款基准利率	募集资金通过商业银行委托贷款的形式发放给小微企业
小微企业贷款专项金融债	商业银行	融资成本较低	筹集资金全部用于发放小微企业贷款
创新创业公司债	创新创业公司和创业投资公司	融资成本较低	注册或主要经营地在国家"双创"示范基地，在新三板挂牌的科技型企业

其中，中小企业集合债券是指由多家中小企业集合发行债券，各家企业自行决定发行金额，分别负债，偿债责任独立。截至2017年初，共发行了27只中小企业集合债券，为165家中小企业融得了185.72亿元①。在中小企业集合债券的基础上，中国人民银行和中国银行间市场交易商协会于2009年11月又推出了中

---

① 张昊天.应用债券市场工具应对小微企业融资难问题研究［J］.山东纺织经济，2019，266（4）：27-30.

小企业集合票据。截至 2015 年 6 月，中小企业集合票据共发行 126 只，为 458 家中小企业直接融资总计 300.56 亿元，其发行数量和融资金额略高于中小企业集合债券。中小企业集合债券和集合票据的出现虽然在一定程度上降低了对中小企业发债的要求，但对担保机构较高的要求和对企业净资产的较高要求也限制了其在小微企业融资中的作用。相较之下，中小企业私募债的发行条件更为宽松，该类债券对企业净资产和盈利能力没有明确限制，更适合小微企业进行债券融资。截至 2016 年末，在中国证券登记结算有限责任公司登记存管的中小企业私募债共 1316 只，占证券总数的 10%，市值高达 11440.21 亿元①。但是，也应注意到，由于较低的发行门槛和对担保、评级缺乏明确的要求，中小企业私募债的风险相对较大，融资成本较高。

除以上三种债券产品之外，还存在一些债券产品，其发行主体并不是中小微企业，但债券发行所筹资金将用于向小微企业提供贷款。典型的产品有小微企业增信集合债券和小微企业贷款专项金融债。小微企业增信集合债券是由政府和商业银行协商选择一家地方融资平台发行债券，所募集资金通过商业银行委托贷款的形式发放给小微企业，其实质上是以城市建设投资公司的信用为小微企业融资，解决了小微企业评级不足带来的融资问题。其中，对于城市合作社风险缓释基金和政府风险缓释金的设置也有效分散了风险。2011 年 10 月 25 日，中国银行业监督管理委员会出台了《关于支持商业银行进一步改进小型微型企业金融服务的补充通知》，支持商业银行发行小微企业贷款专项金融债，要求银行将所筹集资金全部用于发行小微企业贷款。2011 年 11 月，中国民生银行、兴业银行、上海浦东发展银行等银行纷纷发行小微企业贷款专项金融债，筹集资金最高可达 500 亿元。与其他债券相比，小微企业贷款专项金融债的筹资规模较大，能够获得更多的资金用于向小微企业发放贷款，但也存在不足之处。由于筹集资金的处置权属于发行银行，小微企业能否获得贷款，仍取决于银行的信贷配置效率。

---

① 数据来源：《中国证券登记结算统计年鉴（2016）》。

2016年6月，证监会成立创新创业公司债（以下统称为"双创债"）专项小组，统筹推动"双创债"试点发展。2016年10月，首只"双创债"成功发行。相较于其他债券，"双创债"的宗旨在于为科技型中小企业和创新型中小企业筹集资金，其适用对象更为集中。

三、银行贷款

考虑到仅有少数小微企业适合股权融资和债券融资，大部分小型和微型企业只能通过内源融资或对外借款获得资金。虽然内源融资被视为企业最优的融资方式，但由于企业内部资金有限，仅靠内源融资无法满足企业的融资需求，不得不依托于对外借款。中国作为典型的银行主导型国家，银行体系占有了大部分金融资源，在信贷资源分配中发挥着主导作用，因此，银行贷款是小微企业的重要融资来源。根据人民银行的数据统计，截至2018年末，社会融资规模总量为200.75万亿元（存量），其中银行贷款在社会融资总额中的比重高达68.2%，而企业债券融资占比仅为10%①。虽然银行贷款是企业的主要融资渠道，但大部分中小微企业对银行贷款的可得性较低。由国家发展和改革委员会中小企业司主持的一项中小企业融资调研项目可知，在被调查企业中，50%以上的企业表示受到了资金不足的制约，约48%的被调查企业近三年没有成功融资，30%的企业仅获得了一笔融资。在国民经济下行时期，银行惜贷与中小微企业"贷款难"并存的现象更加突出。

四、商业信用

商业信用是指企业之间以商品形式提供的信用，其借贷行为通常伴随着买卖行为而发生，其本质是企业之间的借贷行为。例如，在赊销中，供应商实际上向赊销方提供了信用。商业信用被广泛应用于各国企业融资中。在一些国家，企业

---

① 资料来源：中国人民银行网站，http：//www.pbc.gov.cn/。

通过商业信用获得的融资额甚至超过了银行贷款额①。为什么商业信用的应用如此普遍？

关于商业银行的普遍应用，存在三种解释：第一种解释认为商业信用是银行贷款的替代性融资渠道，当企业面临银行的信贷配给时，就会向其供应商寻求融资帮助②③，该观点被称为替代性融资理论。第二种解释是，买方市场理论则认为，商业信用的广泛应用是因为买方具有较高的信用水平且在合作中处于相对强势的地位，迫使供应商不得不向其提供商业信用④⑤。与上述两种观点不同，第三种解释，即在某些情况下，商业信用的使用与银行信贷配给有关，而在某些情况下，买方市场是导致这一现象的主要原因。例如，陆正飞和杨德明提出，在货币政策宽松的情形下，企业对银行贷款的可得性更高，商业信用的使用更符合买方市场理论；然而当货币政策比较紧缩时，商业信用的需求方主要是无法从银行获得贷款的企业⑥。由此可知，总体来讲，商业信用可以弥补银行贷款的不足，为融资约束企业提供所需资金。

一方面，与银行贷款相比，商业信用存在一定的优势。具体而言，借贷双方之间存在商业合作关系，信息不对称程度较低，便于贷款企业进行贷前甄别和贷后监督。除此之外，相较于银行贷款对抵押物的要求，商业信用融资成本较低。然而另一方面，商业信用也有一定的局限性。首先，在买方市场下，供应商为了扩大销售，可能会向信用等级不足的企业提供商业信用，导致贷款的坏账风险增加。其次，借贷双方的商业合作关系造成了商业信用的不稳定性。一旦借贷双方

---

① Lee Y W, Stowe J D. Product Risk, Asymmetric Information, and Trade Credit [J]. Journal of Financial and Quantitative Analysis, 1993, 28 (2): 285–300.

② Petersen M A, Rajan R G. Trade Credit: Theory and Evidence [J]. The Review of Financial Studies, 1997, 10 (3): 661–691.

③ 王彦超，林斌. 金融中介、非正规金融与现金价值 [J]. 金融研究, 2008 (3): 177–199.

④ Fabbri D, Menichini A M C. Trade Credit, Collateral Liquidation, and Borrowing Constraints [J]. Journal of Financial Economics, 2010, 96 (3): 413–432.

⑤ Giannetti M, Burkart M, Ellingsen T. What You Sell is What You Lend? Explaining Trade Credit Contracts [J]. The Review of Financial Studies, 2011, 24 (4): 1261–1298.

⑥ 陆正飞，杨德明. 商业信用：替代性融资，还是买方市场？[J]. 管理世界, 2011 (4): 6–14.

合作关系结束，融资方面无法继续从贷款方获得贷款，而相较于商业信用，银企关系具有较高的稳定性。

在小微企业融资中，商业信用发挥了什么样的作用呢？从日本的经验可以看到，商业信用在解决小微企业融资问题中具有关键性作用。在1960～1973年的高增长时期，日本中小企业的商业信用与其金融机构借款的比例高达120%以上，而对大企业来说，该比例仅为66.76%。商业信用在小微企业融资中的作用主要体现在以下几个方面：首先，部分小微企业由于缺乏规范的财务报表，信息不透明程度高，很难得到银行贷款。商业信用的信息优势恰好可以解决小微企业信息方面的问题，提高其贷款可得性，并且，商业信用还具有一定的信号作用，获得商业信用的企业往往被视为具有较好的信用状况，从而能在一定程度上减轻信息不对称，改善小微企业的融资现状。其次，通常来说，商业信用没有担保要求，不需要企业提供抵押物，更适合抵押物不足的小微企业。此外，商业信用属于短期融资，融资过程简单快捷，符合小微企业融资期限短、需求快的特征，稳定的业务关联也为小微企业频繁融资提供了基础。

五、供应链融资

除了以上四种融资方式，供应链融资也逐渐成为小微企业的重要融资方式。由于该融资模式既属于银行贷款模式的一种，同时又与商业信用相关，本书将对其进行单独分析。所谓供应链融资，是指银行根据某一产品供应链的真实贸易情况，以核心企业的信用为支撑，以企业贸易所带来的未来现金流为还款来源，通过应收账款质押、货权质押等手段，对供应链上企业提供综合性金融产品和服务[①]。永辉超市是供应链融资的典型案例。

永辉超市是中国零售行业的龙头企业之一，有571家供应商，其产品主要涉及生鲜及农产品、食品用品、服装以及加工产品四类。这些供应商在与上下游的

---

① 胡跃飞，黄少卿.供应链金融：背景、创新与概念界定［J］.财经问题研究，2009（8）：76 - 82.

交易过程中处于弱势地位,应收账款和存货等占用了大量资金,使企业面临较大的资金压力。为了缓解供应商的资金压力,维持供应链的稳定,广发银行以永辉超市为核心,为供应链上企业提供了授信服务。出于优先发展优质、稳定客户的考虑,食品用品供应商成为银行的授信对象。

食品用品供应商与永辉超市之间的业务流程为:永辉超市发出订单,供应商发货,永辉物流进行货物分配并向供应商收取配送费(1%~5%),之后永辉超市需对账、开发票并进行付款。从供应商发货到永辉超市付款,中间的时间间隔一般在55天左右,这一期间供应商的资金被占用。供应商与上游企业的业务流程为:供应商提前支付下月货款,上游企业收到货款后向供应商发货,其中,外省货物的在途时间一般在10~15天,即预付账款账期约为45天。此外,对于快消品而言,供应商需要预备一个半月左右的销售库存,进一步提高了其预付账款的资金占用。

引入供应链融资之后,食品用品供应商的应收账款和预付账款资金占用造成的资金压力得到缓解。具体而言,广发银行根据年供货量和年销售额将供应商分为三级。其中,A级供应商需要满足以下标准:个体与家庭在关联行业工作超过5年;代理3个以上知名品牌,与厂商具有密切的产品供给协作关系;年营销额超过1亿元,年供应量大于3000万元。B级供应商需要代理2个以上知名品牌,年营销额和供应量分别超过5000万元和1000万元。C级供应商则要求3年工作经验,1个知名品牌代理,2000万元以上的年营销额和600万元以上的年供应量。供应商可通过抵押住宅、写字楼、土地等获得贷款,针对不同等级的供应商,广发银行提供差别化授信额度:A级供应商的单户授信额度最高为1500万元,B级供应商的单户授信额度最高可达1000万元,C级供应商的单户最高授信额度为800万元。然而对于缺乏抵押物的企业,也可以凭借与永辉超市的协作关系(两年以上)、与大型商超的合约和账单记录等获得非抵押贷款。对非抵押(质押)贷款而言,其额度上限为年供应量的16%,其中,A级供应商不超过500万元、B级供应商不超过300万元、C级供应商上限为200万元。当供应商出现资金紧张时，可以在授信范围内获得贷款，缓解自身资金压力。

与商业信用相比，供应链金融模式最主要的优点在于：首先，以龙头企业的信用为支撑，借贷关系更为稳定；其次，以银行资金代替上下游企业的资金，不占用合作企业的资金；最后，也是最为重要的，供应链金融将合作企业的信息优势与银行的风险管理和资金优势相结合，不仅为供应链上小微企业提供了充足的资金支持，还能有效防范信用风险。

在风险管理方面，供应链金融的优势主要体现在以下几个方面：第一，广发银行将其现金管理系统与永辉超市的供应商服务系统进行对接，可以随时监控供应商企业与永辉超市之间的订单信息，保证了信息的真实性和及时性。第二，供应商在广发银行的结算账户是其结算回款的唯一账户，于是广发银行可以通过该账户，有效监控供应商企业的现金流。第三，广发银行还可以通过永辉超市的信息管理系统对货物物流信息进行监控，通过对订单信息、物流信息和企业现金流信息的综合监控，广发银行可以及时锁定风险并对风险进行防范。

综上所述，永辉超市的案例告诉我们，供应链金融能够有效解决小微企业信息不足、抵押品缺乏等问题，在小微企业融资中具有巨大的应用潜力。

第二章　小微企业贷款方式与贷款技术

第一节　小微企业贷款现状分析

一、银行对小微企业的贷款现状

银行贷款是小微企业的主要融资来源，但事实上，目前小微企业仍面临着严重的银行信贷配给问题。信贷配给，银行只向部分贷款申请者提供贷款，而其他申请者即便愿意按规定的利率支付甚至愿意支付更多的利息，仍无法获得贷款的现象[1][2]。相较于大企业来说，信贷配给现象在中小企业中更为普遍。世界银行商业环境调查（WBES）"中国投资环境调查2012"的调查数据显示，在接受调查的小微企业中，约有80%的企业未获得银行贷款，其中，41%的企业没有贷款需求，剩余39%的企业遭受了银行的信贷配给。然而在被调查的大企业中，仅

---

[1] Bester H. The Role of Collateral in Credit Markets with Imperfect Information [J]. The European Economic Review, 1987, 31 (4): 887–899.

[2] Stiglitz J E, Weiss A. Credit Rationing in Markets with Imperfect Information [J]. The American Economic Review, 1981, 71 (3): 393–410.

有14%的企业存在信贷配给问题。根据具体情形，可将信贷配给分为两类：第一类配给和第二类配给。其中，第一类配给是指小微企业已向银行提交借款申请，但其借款申请被拒绝或只得到部分满足。第二类配给则是指小微企业预估到借款申请可能被拒绝，因而不愿提交借款申请的情况①②，也称为自我信贷配给。由"中国投资环境调查2012"的调查数据可知，小微企业的信贷配给主要表现为第二类信贷配给。

随着银行业改革的推进和进入管制的放松，全国股份制商业银行和城市商业银行的市场份额得以提升，小微企业的融资现状也得到了改善。

二、信贷配给的成因分析

银行信贷配给现象背后存在什么样的原因？下面本书将在理论上说明信贷配给的产生原因。

为了解释信贷配给的产生过程，Stiglitz和Weiss（1981）构建了一个包括多家银行、多个借款人的贷款模型，其中，借款企业与银行均为风险中性。通过对该模型的推导，Stiglitz和Weiss发现，信息不对称将会引发逆向选择与道德风险。贷款市场上的逆向选择主要体现在：由于低风险借款人的项目收益较低，当贷款利率上升到一定水平后，其预期收益将降到0以下，此时企业不得不放弃借款，市场上高风险借款企业所占比重上升，这就是所谓的"劣币驱逐良币"。道德风险则主要表现为：较高的贷款利率会激励借款人去选择风险更高但收益丰厚的投资项目，最终将导致贷款信用风险上升，由此带来的相关损失与成本甚至会超过银行从较高的贷款利率中获取的收益。

之后的学者在S-W模型的基础上进行了部分调整，对银行信贷配给问题进行了深化研究。例如，Stiglitz和Weiss（1981）将借款人风险态度假定改为

---

① Jappelli T. Who is Credit Constrained in the U. S. Economy？[J]. The Quarterly Journal of Economics, 1990, 105 (1): 219 – 234.

② Mushinski D W. An Analysis of Offer Functions of Banks and Credit Unions in Guatemala [J]. Journal of Development Studies, 1999, 36 (2): 88 – 112.

借款人风险厌恶,发现在该假定下,抵押要求的增加也会引起逆向选择。Wette(1983)发现即使在借款人风险中性的情况下,银行抵押担保要求的提高同样会引发逆向选择问题。Stiglitz 和 Weiss(1983)将单期银企博弈模型拓展为两期重复博弈模型,发现在均衡条件下,无论借款人在第一期是否曾获得贷款,均存在信贷配给问题。Stiglitz 和 Weiss(1987)将银行贷款决策视为抵押要求与贷款利率的组合,研究发现,不管借款人属于何种类型,都有可能遭受信贷配给。Bester 和 Hellwig(1987)在 S-W 模型的基础上加入了抵押品、贷款规模与投资额的变化等因素,对道德风险引起信贷配给这一结论进行了验证。

也有学者在信贷配给模型中加入了银行监督成本和投资项目等因素。Williamson(1986)证明,在信息不对称情况下,银行为了监督借款企业,需要支付一定的成本,即使逆向选择与道德风险不存在,企业也可能会遭受银行的信贷配给。其原因在于,贷款利息的增加在提高银行预期收益的同时,也导致了借款人违约风险的上升,加大了银行的监督成本。因此,均衡利率可能低于市场出清水平,在这一均衡利率水平上,部分借款企业无法获得贷款。Schreft 和 Villamil(1992)对小额贷款进行了分析,该研究提出,由于小额贷款具有较高的管理成本,银行应该以贷款金额为依据实行价格配给。

通过对上述文献的回顾,可以得出结论:信息不对称是导致银行信贷配给的根本原因。然而与大企业相比,小微企业没有规范的财务报表,信息不透明程度更高,常常沦为银行信贷配给的对象。

国内学者也对信贷配给现象展开了研究。杨天宇(2002)分析了国有银行对民营企业的信贷配给现象。模型假定,在利息成本之外,民营企业借款还存在其他两种非利息成本,即抵押担保带来的各项费用以及时间成本。研究发现,非利息成本也会引起逆向选择问题。为了规避逆向选择问题,国有银行将会选择维持一个较低的利率水平,此时民营企业将遭受信贷配给。王霄和张捷(2003)在模型中考虑了不同规模的借款企业,并假定对于不同的企业,银行审查成本不变。

研究发现，若企业无法提供足值的抵押品，则将无法获得银行贷款，这在很大程度上解释了小微企业的信贷配给现象。李文豪（2006）分析了银行存贷款规模、信贷资产质量、效益三种评价标准对信贷配给的影响。研究表明，给定银行存贷利差与贷款吸存率不变，当银行更侧重于存贷款规模这一标准时，信贷配给问题将会减轻，但此时银行无法实现利润最大化；当银行更关注资产质量这一目标时，信贷配给问题将会恶化。战明华等（2013）考察了利率控制对银行信贷配给行为的影响，得出以下结论：存在利率控制的情况下，证券市场的信息滤波器会使银行更愿意向上市企业发放贷款，上市企业的信贷配给将得到缓解；然而随着利率市场化的推进，银行的贷款对象被拓宽，逆向选择问题随之产生，上市公司可能会遭受银行信贷配给。

除此之外，部分国内研究还尝试运用已有信贷配给理论对中国的信贷现状进行解释。齐志鲲（2002）从信息不对称与银行风险规避入手对银行的"惜贷"现象进行了理论论证。穆争社（2005）对早期的信贷配给现象进行了解释，指出中国的信贷配给属于关系型信贷配给，是商业银行经营者利用手中的信贷权力谋取私利，将信贷资源分配给那些能够带来寻租收入的借款人。文远华（2005）从信贷市场的分化、利率控制、银行风险态度的转变、银行经营目标的偏离等多个层面对中国的信贷配给现象进行了分析说明。

在理论上，信息不对称导致了银行信贷配给。那么，中国是否存在信贷配给问题？哪些企业更有可能遭受信贷配给？宋亚敏和黄绪江（2002）研究发现：如果将"有效需求"作为信贷配给的参照，则信贷配给仅存在于工业企业中；如果将广义信贷需求作为参照，那么，逆向选择是使工业企业遭受信贷配给的主要原因；另外，我国银行业信贷配给的产生机制还涉及管理权上收和交易成本等非价格壁垒。王静等（2011）提出，在单一市场条件下，信贷配给现象长期存在。然而在正式部门与非正式部门并存的二元金融市场条件下，如果非正式部门的利息和非利息成本与正式部门相等，那么，非正式部门的加入会减轻信贷配给。苟琴和黄益平（2014）运用 WBES "中国投资环境调查 2003" 数据，考察了企业信贷配给的影响因素。研究发现,企业资产规模、盈利能力是重要的影响因素:与大企业相比,中小微企业更有可能成为信贷配给的对象,企业盈利能力越高,越不可能遭受信贷配给。所有制歧视在中国并不存在。随着金融市场化的推进与金融发展水平的提高,中小微企业的信贷配给问题得到了缓解。还有文献重点考察了农村的信贷配给问题。张龙耀和江春(2011)对农户的非价格信贷配给现象进行了分析。研究发现,只有少数经营规模大且具备稳定收入、身份特征的农户才能够获得贷款,并且,这些农户的贷款存在关系型贷款的特征,其他无法达到要求的农户则面临金融机构的信贷配给。刘艳和范静(2014)采用实地调查数据,检验了贷款利率定价对农户信贷配给的影响。研究发现,利率浮动范围对农户信贷配给的影响呈现"U"形,即随着利率浮动范围的初步上升,农户信贷配给得以减轻,但是,当利率浮动范围进一步上升后,农户将遭受来自价格与数量的双重配给。

上述文献表明,信贷配给在中国确实存在。与其他借款人相比,小微企业与农户遭受到的信贷配给更加严重。

三、小微企业"贷款难"的其他原因

本部分将从银行和政策制度两个层面,说明造成小微企业"贷款难"的外部环境因素。

首先,银行方面的原因。以大银行为主导的银行体系是小微企业贷款难的主要原因。研究显示,与大银行相比,小银行在对小微企业的贷款方面具有相对优势,更倾向于为小微企业提供贷款服务[①]。然而从中国国情来看,虽然近几年全国股份制商业银行与城市商业银行的市场份额有所提高,但在当前的银行体系中以四大国有商业银行为代表的大银行仍控制着大部分信贷资源,但在这一背景下,小微企业获得银行贷款的难度较大。此外,"所有制歧视"也会降低小微企

---

① 林毅夫,李永军. 中小金融机构发展与中小企业融资[J]. 经济研究,2001(1):10-18.

业的贷款可得性①②，使国有银行的信贷资源更多地流向大型国有企业③④。综合以上原因，在我国以大银行为主导的银行体系下，银行贷款的对象主要是大企业，小微企业往往沦为银行信贷配给的对象。

其次，政策方面的原因：对于改善小微企业融资来讲，仅依靠商业银行的自发性贷款远远不够，政策的配套政策必不可少。然而，在某些领域，小微企业融资的配套措施还有所欠缺。一是完善的小微企业信用体系尚未形成，贷款银行之间缺乏信息共享，在这种情况下，银行与小微企业之间的信息不对称比较严重。二是目前的信用担保体系并不完善。中国已逐步形成了"一体两翼多层"⑤的中小企业信用担保模式，其中政策性担保是信用担保体系的核心。然而，与其他国家的政策性担保机构，如美国小企业管理局（SBA）、日本的信用保证协会，以及欧洲等其他国家相比，在中国的信用担保体系中，政府出资比例较低，截至2007年政府出资比例仅为26%，这限制了政策性担保在小微企业融资中的作用。除此之外，在目前的信用担保体系下，风险分摊比例不合理，信用担保机构几乎承担了所有风险。在这种情况下，信用担保机构承担的风险过高而保费收入较低，这些问题都将导致担保机构的使命偏移，即担保机构逐渐偏离主业而转向发展非融资性业务，从而使大量的小微企业无法获得专业合规的担保。

四、小微企业贷款支持政策

为了落实配套政策，政府采取了各项措施，积极推动社会征信系统和信用担

---

① 袁增霆，蔡真，王旭祥. 中国小企业融资难问题的成因及对策——基于省级区域调查问卷的分析[J]. 经济学家，2010（8）：70 - 76.

② Cull R, Xu L C. Institutions, Ownership, and Finance: The Determinants of Profit Reinvestment Among Chinese Firms [J]. Journal of Financial Economics, 2005, 77（1）：117 - 146.

③ 张军，金煜. 中国的金融深化和生产率关系的再检测：1987—2001 [J]. 经济研究，2005（11）：34 - 45.

④ Allen F, Qian J, Qian M. Law, Finance, and Economic Growth in China [J]. Journal of Financial Economics, 2005, 77（1）：57 - 116.

⑤ "一体"是主体，"两翼"分别是商业担保机构和互助型担保机构，"多层"是逐步覆盖国家、省、市、县的担保与再担保。

保体系的建立和健全。在小微企业征信方面，中国已建立了世界上规模最大的征信系统，目前该系统已囊括了1370万户小微企业的征信信息，极大地降低了银行在小微企业贷款中的信息搜集成本，减轻了银行与小微企业之间的信息不对称。随着信息不对称的减轻，371万户小微企业获得了信贷支持，其贷款余额可达33万亿元。另外，中国人民银行还推动建立了地方性中小微企业信用数据库，目前已有260余万户企业建立了信用档案，其中21%的企业获得了银行贷款，贷款余额达11万亿元①。在信用担保体系方面，自2006年起，政府逐步加大了对担保与再担保机构的专项资金支持力度，但仍存在政策覆盖面不足、融资担保费率偏高等问题，并且，由于缺乏全国层面的政策性担保机构，各省政策性担保各自为政，发展水平参差不齐。2018年7月，全国性的政策性担保机构——国家融资担保基金成立，在"聚焦支小支农、银担合作分险、引导降费让利"的原则下，基金通过再担保业务和股权投资，引导各级政策性担保机构发挥其对小微企业的融资功能。2018年10月，财政部、工业和信息化部又联合印发了《关于对小微企业融资担保业务实施降费奖补政策的通知》，指出，2018~2020年，中央财政每年安排30亿元资金，通过直接补助、绩效奖励、代偿补偿等方式，鼓励政策引导性担保机构进一步发展其小微企业融资担保业务，降低小微企业融资担保的费用。

除此之外，近五年各政府部门围绕小微企业融资问题制定并实施了多项政策，包括对银行小微企业贷款支持工作的要求、强调发挥信用保证保险的融资增信功能等（见表2-1）。这一系列政策取得了阶段性成效。《中国小微企业金融服务报告（2018）》中指出，截至2018年末，我国小微企业法人贷款余额26万亿元，占全部企业贷款的32.1%。

---

① 中国建立全球规模最大征信系统［EB/OL］.［2019-06-19］. http：//www.gov.cn/xinwen/2019-06/19/content_5401456.htm.

表2-1 近五年小微企业融资的主要支持政策

政策文件和会议	出台时间	相关规定
国务院办公厅《关于金融支持小微企业发展的实施意见》	2013年8月8日	继续坚持"两个不低于"的小微企业金融服务目标,在风险总体可控的前提下,确保小微企业贷款增速不低于各项贷款平均水平、增量不低于上年同期水平。丰富和创新小微企业金融服务方式;强化对小微企业的增信服务和信息服务
中国银行业监督管理委员会《关于完善和创新小微企业贷款服务提高小微企业金融服务水平的通知》	2014年7月23日	要求银行业金融机构做到以下几点:合理确定小微企业流动资金贷款期限;丰富完善小微企业流动资金贷款产品;积极创新小微企业流动资金贷款服务模式;切实做好小微企业贷款风险管理
国务院办公厅《关于多措并举着力缓解企业融资成本高问题的指导意见》	2014年8月5日	就小微企业融资成本高问题,从抑制金融机构筹资成本不合理上升、缩短企业融资链条、清理整顿不合理金融服务收费等方面提出要求
中国保险监督管理委员会、工业和信息化部、商务部、人民银行、银行业监督管理委员会《大力发展信用保证保险服务和支持小微企业的指导意见》	2015年1月8日	以信用保证保险产品为载体,创新经营模式,营造良好发展环境,坚持改革创新,调动各方参与主体的积极性,发挥信用保证保险的融资增信功能,缓解小微企业融资难、融资贵问题
银行业监督管理委员会《关于2015年小微企业金融服务工作的指导意见》	2015年3月3日	将"两个不低于"改为"三个不低于":在有效提高贷款增量的基础上,努力实现小微企业贷款增速不低于各项贷款平均增速,小微企业贷款户数不低于上年同期户数,小微企业申贷获得率不低于上年同期水平。并就信贷结构、机构建设、考核机制、风险防控等问题提出相关规定

续表

政策文件和会议	出台时间	相关规定
国务院办公厅《关于加快融资租赁业发展的指导意见》	2015年9月7日	加快发展中小微企业融资租赁服务。鼓励融资租赁公司发挥融资便利、期限灵活、财务优化等优势,提供适合中小微企业特点的产品和服务
国务院办公厅《关于有效发挥政府性融资担保基金作用切实支持小微企业和"三农"发展的指导意见》	2019年2月14日	明确要求各级政府性融资担保、再担保机构要重点支持单户担保金额500万元及以下的小微企业和"三农"主体,合作机构支小支农担保金额占全部担保金额的比例不得低于80%,其中单户担保金额500万元及以下的占比不得低于50%

资料来源:中国政府网。

第二节　小微企业贷款技术

一、小微企业贷款技术的内涵

随着银行贷款业务的不断发展,"贷款技术"这一概念逐渐被提出。什么是银行贷款技术?贷款技术是贷款各环节之间的组合,是整个贷款流程。具体而言,贷款技术是贷款信息来源、甄别机制、贷款程序、合约结构以及监控机制之间的组合①。Berlin 和 Mester(1998)最早将贷款分为市场交易型贷款与关系型贷款。一种贷款属于交易型贷款还是关系型贷款,取决于银行贷款决策时所主要依据的信息类型。因此,在划分银行贷款技术之前,需要先对信息类

---

① Berger A N, Udell G F. A More Complete Conceptual Framework for Financing of Small and Medium Enterprises [J]. Policy Research Working Paper, 2005, 30 (11): 2945 – 2966.

型进行说明。

一般而言，银行的贷款决策需要依据两种信息："硬信息"与"软信息"。"硬信息"是指可公开获取、易量化的定量信息，例如企业财务报表、抵押品等。然而与之相反，"软信息"是无法公开获取、不易量化的定性信息。由于软信息非公开、不透明的特点①，其获取成本较高，需要贷款负责人（信贷经理）在提供各种金融产品和服务的过程中，通过多方面接触进行信息提取②。例如，银行信贷经理通过与企业主的多次接触，认为其为人比较可靠。这种信息带有主观性，在很大程度上依赖于信贷经理的经验和能力，难以被证实。而相较于软信息，企业财务报表等硬信息的获取成本较低，评判标准比较客观，容易被证实③。此外，软信息的主观性也增加了信息传递的难度，可能造成信息遗漏等问题。软信息的获取渠道主要有两个：当银行与企业之间已存在多种合作时，银行可通过与借款企业的多渠道交往（包括提供贷款、存款与其他金融产品）获取并积累企业软信息；倘若银行与企业之间并未有过合作，则需要信贷经理在与企业上下游成员的交流中，获取企业和企业主的专有信息，或与企业所在行业环境相关的信息。

二、小微企业贷款技术：交易型贷款技术与关系型贷款技术

基于对信息类型的划分，Berger 和 Udell（2002）对交易型贷款技术和关系型贷款技术进行了界定。交易型贷款技术，是指银行以抵押品、财务报表等易于获取、量化、传递和验证的硬信息作为主要决策依据的贷款技术。关系型贷款技术，则是银行主要基于一段时间内获取的与企业、企业主相关的专有信息（软信

---

① Liberti J M, Petersen M A. Information: Hard and Soft [J]. The Review of Corporate Finance Studies, 2019, 8（1）: 1 – 41.

② Boot A W, Thakor A V. Can Relationship Banking Survive Competition? [J]. Journal of Finance, 2000, 55（2）: 679 – 713.

③ Liberti J M. Initiative, Incentives and Soft Information. How Does Delegation Impact the Role of Bank Relationship Managers?: IFA Working Paper No. 404 [R]. London: London Business School, 2004.

息）而进行贷款决策的贷款技术①。两种贷款技术的区别主要有两点：第一，对两种贷款技术而言，银行贷款决策所依据的信息不同，交易型贷款技术的决策依据主要是硬信息，然而关系型贷款技术则以软信息作为主要决策依据。第二，硬信息获取难度较低且对银企关系没有要求，交易型贷款技术多为一次性交易；然而软信息获取成本较高，银行需要通过长期合作收取关系租金，因此关系型贷款技术体现了银企之间的长期合作关系②。根据具体的贷款程序，交易型贷款技术可进一步细分为"财务报表型贷款技术""资产支持型贷款技术""中小企业信用评分技术""保理""设备贷款""不动产贷款技术"以及"租赁"③。

目前，交易型贷款技术已有比较清晰的定义和分类，但关系型贷款技术的认定标准尚不够明确。关于关系型贷款技术存在多种定义。Aoki 和 Dinc（1997）提出，关系型贷款技术是"金融机构在一系列事先没有约定的情况下，为了能够在将来不断获取租金而增加融资"的一种贷款技术。关系型贷款以外的贷款被统称为保持距离的贷款。这一定义源于日本的主银行制度，主银行会以取得企业剩余控制权为条件向陷入危机的企业发放贷款。Berger 和 Udell（1995）则强调企业和银行之间保持长期且封闭的合作关系是关系型贷款技术的基本前提。Boot（2000）对关系型贷款技术的基本特征进行了总结。首先，关系型贷款技术对信息有所要求，具体来讲，金融机构需要获取企业或企业主的私人信息。其次，不论是在借贷发生时还是将来，这些私人信息都不对外公开，即只有关系银行能够获取信息。最后，为了获取这些私人信息，银行必须与企业或企业主保持长期、多渠道的交流合作。通过对不同定义的总结，可以发现，这些定义存在共通点，均强调了私人信息与长期、封闭式银企合作在关系型贷款技术中的重要性。

---

① Berger A N, Udell G. Small Firms And Relationship Lending: The Importance Of Bank Organisational Structure - Media Briefings [J]. Biochemical Journal, 2002, 221 (2): 281 - 287.
② 吴洁. 关系型贷款研究综述 [J]. 金融纵横, 2005 (10): 15 - 17.
③ Taketa K, Udell G F. Lending Channels and Financial Shocks: The Case of Small and Medium - Sized Enterprise Trade Credit and the Japanese Banking Crisis [J]. Monetary and Economic Studies, 2007, 25 (2): 1 - 44.

三、关系型贷款与小微企业融资

通过对交易型贷款技术和关系型贷款技术的比较，可以发现，与交易型贷款技术相比，关系型贷款技术对企业硬信息的要求更低，恰好能够规避小微企业硬信息匮乏的弊端。那么，关系型贷款技术能否改善小微企业融资状况？针对这一问题，国外学者已进行了大量的理论分析和实证检验。

在理论研究方面，Petersen 和 Rajan（1995）建立了信息不对称条件下的贷款模型，该模型指出，在银企合作的第一期，由于信息不对称的存在，银行无法准确观测借款人的真实风险，逆向选择与道德风险问题会随之产生，为了弥补风险，银行将提出更高的利息要求；在第二期，随着借款人真实风险的暴露，低风险企业的贷款利率将有所下降。Boot 和 Thakor（1994）的分析表明，银企关系能够降低贷款利率，并且，银企之间合作时间越长，银行对企业的抵押要求越低。然而，也存在相反的观点。Greenbaum 等（1989）、Sharpe（1990）、Wilson（1993）提出，银企关系可能引起"hold-up"问题，即贷款人倾向于在初期为借款人提供资助以吸引客户，在以后期间通过高利率收取回报，引起贷款利率的上升。

在实证领域，银企关系对于中小微企业的贷款可得性、贷款成本的影响也得到了证实。Cole（1998）对美国1993年小企业调查数据研究发现，已建立银企关系的企业更有可能获得贷款，但银企关系的持续时间对贷款可得性没有影响。Petersen 和 Rajan（1994）基于美国小企业贷款数据的研究也发现，通过与银行维持密切联系，企业的贷款可得性得以提高。Berger 和 Udell（1995）运用美国小企业的授信额度数据进行了研究，发现银企关系维持时间与贷款利率和抵押品要求负相关。Blackwell 和 Winters（1997）以美国某家银行持股公司的贷款数据为样本，同样发现了银企关系紧密程度与贷款利率之间存在负相关关系，并且，银企关系减轻了银行监督力度。Elsas 和 Krahnen（1998）基于德国5大银行的贷款数据，研究了主银行与一般银行在贷款策略方面的差异。研究表明，当企业评级出现意外恶化时，主银行会为其提供流动性帮助，但在贷款利率方面，主银行与一般银行并无差异。Harhoff 和 Körting（1998）以德国中小企业贷款为例，研究发现，银企关系时间与企业贷款可得性正相关，与贷款成本负相关，银企关系时间对后者的影响更大。然而，Degryse 和 Cayseele（2000）对欧洲小企业贷款的研究则表明，银企关系维持时间越长，贷款利率反而越高。但该研究还发现，企业购买的金融产品越多，支付的利息越少，并且，银企关系维持时间与产品数量对抵押要求均有负向影响。总体而言，银企关系降低了企业贷款成本。

国内学者对关系型贷款也进行了研究。张捷和梁笛（2004）研究发现银企关系持续时间并不会影响企业融资。曹敏等（2003）发现对于中国境内的外资企业来说，银企关系时间越长，其外币贷款的利率就越低。李琳和粟勤（2011）利用对中小企业的调研数据进行了研究，发现银企关系持续时间和银企距离对企业贷款获得性没有显著影响，但企业的业务种类与其贷款可得性之间正相关。张晓玫和钟祯（2013）研究发现，银企关系能够有效缓解中小企业融资约束。尹志超等（2015）以某地区中小企业贷款数据为样本研究发现，银企关系与企业贷款成本之间正相关。

综合以上这些文献，可以发现，不论在国外还是国内，关系型贷款技术都可通过促进银企关系的形成和发展，提高小微企业的融资可得性，降低企业融资成本。

四、小微企业贷款的"小银行优势"假说

不同类型的银行在向小微企业提供贷款时是否有所差异？一些学者提出，小银行在对小微企业的贷款方面更具优势。Berger 和 Udell（1995）研究发现，小银行在中小企业贷款中更具优势，具体表现为：与大银行相比，小银行的中小企业贷款占比更高。进一步分析表明，所谓的"小银行优势"，其实是小银行在中小企业关系型贷款技术方面有比较优势。Berger 和 Udell（1996）较早发现，小银行对中小企业发放的关系型贷款要明显多于大银行。Haynes 等（1999）指出，在发放中小企业贷款时，大银行对企业硬信息要求较高，其贷款客户主要是规模较大、财务状况良好的企业，显然，这更符合交易型贷款的要求。Cole 和 White（2004）发现，在向小企业发放贷款时，大银行更倾向于依托企业财务指标进行贷款决策，而关系型贷款的重要指标——银企关系对银行决策的影响较小。这意味着大银行更习惯采用依托于硬信息的交易型贷款技术。

在国内研究方面，"小银行优势"假说也得到了理论支撑。林毅夫和李永军（2001）最早提出中小型金融机构和民间金融机构在解决中小微企业融资问题中的作用。李志赟（2002）对中小型金融机构的融资作用进行了论证。研究表明，将中小型金融机构引入贷款模型之后，中小微企业获得贷款的可能性显著提高，并且，中小型金融机构数量越多，信息优势越明显，中小微企业获得的贷款越多。张捷（2002）尝试运用组织理论证明小银行在发放小微企业关系型贷款方面的优势。

在国内银行贷款实践中，"小银行优势"假说是否成立？虽然有研究提出了不同见解，如李琳和粟勤（2011）研究发现，只有当关系银行为大银行时，银企关系才能提高中小企业的贷款可得性，但大部分实证检验的结果支持了"小银行优势"假说。Shen 等（2009）使用国内银行类金融机构的贷款数据研究发现，银行规模不会影响其中小企业贷款发放，但是，信贷决策权的下放会增加中小企业贷款。分支行的贷款权限越大，其发放的中小企业贷款越多。张晓玫和钟祯（2013）的实证研究表明，小银行在向中小企业发放关系型贷款时需要以银企关系为前提，只有在已建立银企关系的情况下，小银行才能依托企业软信息发放关系型贷款。Zhang 等（2016）分别考察了"小银行优势"假说在金融危机时期和正常时期是否成立。研究发现，不论是在危机时期还是正常时期，小银行在关系型贷款方面都表现得更好。

为什么小银行更适合向小微企业发放关系型贷款呢？关于"小银行优势"产生的原因，存在多种解释。Berger 和 Udell（2002）从代理成本的视角阐述了

"小银行优势"的成因。由于软信息具有不易量化和传递的特征,在发放关系型贷款时,银行只能尽量下放贷款决策权,减少信息的传递链条。随着贷款决策权的下放,代理问题将会产生,一般而言,银行组织层级越多,其代理问题越严重。相较于大银行,小银行具有较为简单的组织层级结构,其代理问题相对较轻,因此更适合采用关系型贷款技术。Stein(2002)也从信贷决策权出发讨论了大银行和中小银行的贷款优势。根据 GHM 理论,银行对信贷决策权的安排会影响其信息生产和信贷资源配置效率,当决策依据以软信息为主时,小银行更有优势,而当决策依据以硬信息为主时,大银行更有效率。此外,从层级控制理论①来看,组织层级过多可能会带来损失,为了避免损失,多层级的大银行应该选择发放有统一信贷规则、标准化贷款程序的交易型贷款,而小银行则适合发放贷款规则和程序较为灵活的关系型贷款②。

第三节 小微企业主要贷款方式

一、银行贷款方式分类

在具体的小微企业贷款实践中,银行存在哪些贷款方式?如图 2-1 所示,根据是否有担保要求,银行贷款可分为无担保的信用贷款和担保贷款,根据具体的担保类型,后者又可进一步划分为抵(质)押担保贷款、保证担保贷款、混合担保贷款 [既有抵(质)押担保又有保证担保的贷款]。其中,抵(质)押担保贷款要求借款人提供一定的抵押物和质押物;保证担保贷款以第三方信用作为

---

① Williamson O E. Hierarchical Control and Optimum Firm Size [J]. Journal of Political Economy, 1967, 75 (2): 123-138.
② Berger A N, Demsetz R S, Strahan P E. The Consolidation of the Financial Services Industry: Causes, Consequences, and Implications for the Future [J]. Journal of Banking and Finance, 1999, 23 (2): 135-194.

担保;混合担保贷款则既要求借款人提供抵、质押物,又要求第三方为其提供信用担保。值得注意的是,票据贴现贷款也是银行对小微企业的贷款方式之一,其本质是企业将未到期的银行承兑汇票、商业票据卖给银行,以提前收回款项。在票据贴现中,银行与企业之间的关系不同于一般借贷关系,因此,本章不予以分析。

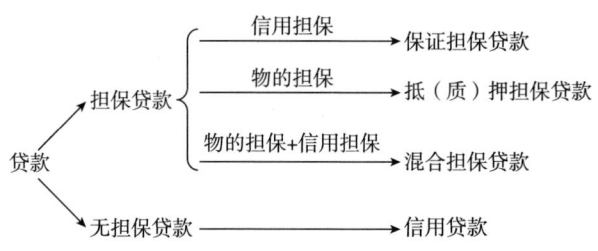

图 2-1 银行对小微企业的主要贷款方式

在信用贷款中,借款企业没有提供任何担保措施,一旦贷款发生违约,银行将需要承担全部风险。因此,银行对信用贷款的发放十分谨慎,通常对借款企业的信用质量有较高的要求,小微企业获得信用贷款的难度较大。

抵(质)押担保贷款是企业向银行提供一定的抵押物或质押物以获取贷款,是抵押担保贷款和质押担保贷款的统称。关于抵押物的处置,《中华人民共和国物权法》第一百九十五条规定:"债务人不履行到期债务或者发生当事人约定的实现抵押权的情形,抵押权人可以与抵押人协议以抵押财产折价或者以拍卖、变卖该抵押财产所得的价款优先受偿。"然而对质押物的处置,《中华人民共和国物权法》第二百一十九条规定:"债务人不履行到期债务或者发生当事人约定的实现质权的情形,质权人可以与出质人协议以质押财产折价,也可以就拍卖、变卖质押财产所得的优先受偿"。由上述规定可知,抵押权和质权的实现条件,均为发生债务人不履行到期债务或者发生当事人约定的实现抵押权(质权)的情形。换句话说,一旦贷款发生违约或规定的其他情形,银行可以通过抵(质)

押物折价或拍卖、变卖抵（质）押物的方式收回全部或部分贷款。

抵押担保贷款是银行最主要的贷款方式，同时也被广泛应用于小微企业贷款中。一般而言，抵押物多为厂房、机器设备、土地、存货等。质押担保贷款与抵押担保贷款类似，但用作质押的物品通常为国库券、银行承兑汇票、存款单等有价证券，依法可转让的股份、股票，以及依法可以转让的商标专用权、专利权等权利。对大部分小微企业来讲，可用于抵押的不动产有限，难以满足银行的抵押要求。为了提高小微企业贷款可得性，质押物的范围不断拓宽，应收账款质押贷款就是贷款产品的重要创新。此外，保证担保也可作为抵押担保的替代品，在缓解小微企业"贷款难"问题中发挥重要作用。保证担保是指由第三方作为保证人，一旦贷款出现违约，保证人需要承担连带责任，代为偿还部分或全部贷款。保证担保贷款的风险缓释机制与抵（质）押贷款存在显著差异，其本质是将信用风险转嫁给保证人，减少了贷款违约对银行的影响。目前保证担保贷款获得了较为广泛的应用。高旺东和贺创业（2009）对中国山东省的调研发现，在中型企业和小型企业的全部贷款中，保证担保贷款占比44%左右，仅次于抵押担保贷款（占比45%）。

二、抵（质）押担保与小微企业贷款

抵（质）押担保在小微企业融资中的作用主要体现在两个方面：第一，抵押担保降低了贷款违约时银行遭受的损失，在一定程度上提高了银行的贷款积极性。第二，研究显示，抵押担保能够减轻贷款前后银企之间的信息不对称。

关于抵（质）押担保对信息不对称的影响，存在两种观点。一种观点认为，抵（质）押担保具有信号作用，能够反映企业的真实风险，有助于减轻贷前信息不对称，抑制逆向选择。该观点已得到充分论证。在理论研究方面，Bester（1985）指出，在信息不对称情形下，银行可以通过对抵押要求与贷款利率的决策组合，对借款人风险进行有效甄别。其主要结论为：当借款人风险较低时，将更倾向于选择（低贷款利率，高抵押要求）贷款产品；与之相反，当借款人风险较高时，将会选择（高贷款利率，低抵押要求）贷款产品。Chan 和 Kanatas（1985）也进行了类似的探讨，该研究发现，当信息不对称时，借款人能够通过提供抵押担保向银行传递出信用质量较好的信号。因此，当贷款人对借款人项目收益的评价过低时，借款人会选择提供抵押担保，以降低贷款利率。Besanko 和 Thakor（1987）均得到了类似的结论，即抵（质）押担保可以发挥信号传递作用，缓解贷前的逆向选择问题，从而减轻信贷配给问题。

另一种观点认为，抵（质）押担保可以作为一种贷后激励机制，抑制企业的道德风险。Bester（1987）研究发现，贷款人将抵押担保作为一种自我选择（self-selection）与激励机制（incentive mechanism），只有当借款人的可抵押资产不足以实现自我选择与激励作用时，才会出现信贷配给。该研究同时论证了抵（质）押担保对逆向选择与道德风险的缓解作用。Boot 等（1991）证明了抵押担保对企业道德风险的缓解作用。具体而言，抵押担保可以作为一种可置信威胁，将借贷双方的利益联系在一起，缓解因贷后信息不对称而产生的道德风险问题。因此，给定借款人真实风险水平可知（不存在逆向选择），银行将要求信用水平较低的借款人提供抵押担保，以限制其贷后不当行为。国内对抵押担保的理论研究比较欠缺。王霄和张捷（2003）提出，借款企业的信用风险越小，等量的抵（质）押物所能换取的利息减让越多，并且，给定破产效用负无限大，企业信用风险越大，愿意提供的抵（质）押品数量越少。因此，存在一个均衡状态，银行可以通过企业对抵押要求与贷款利率组合的选择，来识别借款企业的真实风险。该结论也支持了逆向选择观点。

逆向选择观点或道德风险观点均获得了实证支持。一方面，Berger 和 Udell（1990）基于美联储调查数据研究发现，企业在抵（质）押担保贷款中需要支付更高的风险溢价，并且，从贷后违约率来看，抵（质）押担保贷款的违约风险更大，该发现表明，银行抵（质）押担保贷款的对象主要是信用质量较差的借款企业，即道德风险观点成立。Berger 等（2011）发现，只有当银企关系时间较短时，抵（质）押担保才能缓解贷款中的逆向选择，与之相比，抵押担保抑制道德风险的观点更可靠。Hester（1979）也得到了相似的实证结果。这些实证结果表明，抵押担保主要被用来缓解道德风险，即道德风险观点成立。另一方面，一些研究为逆向选择观点提供了证据。Jimenez 等（2006）以西班牙的银行贷款数据为样本，检验了抵押担保与借款人信用风险之间的关系。研究结果显示，当银行无法观测到企业信用质量时，高质量企业更有可能提供抵押担保，即抵（质）押担保具有信号作用，能够缓解逆向选择。国内对该问题的实证研究也未达成一致结论。刘彬（2006）提出，抵（质）押担保与借款企业的风险之间存在正相关关系，风险越高的企业，越有可能获得抵（质）押担保贷款。平新乔和杨慕云（2009）研究发现，抵押担保与贷款利率正相关，与贷款违约率也存在正相关关系。这些结论均表明，在中国，银行对抵押担保的应用更符合道德风险观点。尹志超和甘犁（2011）研究发现，企业信用等级与抵（质）押担保之间存在非线性关系。具体而言，相比于中等信用水平的企业，高信用等级和低信用等级的企业更有可能提供抵（质）押担保。对此可解释为，抵（质）押担保既有信号传递作用，减轻逆向选择，又可以作为激励机制，抑制贷后道德风险。与以上研究不同，张晓玫和钟祯（2012）的研究表明，银行抵（质）押担保贷款主要面向高质量企业，这为逆向选择观点提供了证据。

通常情况下，我们会将抵押担保贷款和质押担保贷款统称为抵（质）押担保贷款。但是，需要注意的是，抵押担保贷款与质押担保贷款在适用对象、权利保障等方面均存在差异。

首先，抵押物多为房屋、土地、工厂等不动产，而质押物主要是国债、银行存单等流动性强、风险低的有价证券，以及著作权、专利权等可转让的权利。因此，有大量固定资产的企业更适合申请抵押担保贷款，而质押担保贷款则主要适用于抵押物不足的企业，如初创期的科技型企业可通过知识产权质押获得贷款。随着对小微企业融资关注度的提高，仓单质押、应收账款质押等新的质押品种不断出现，拓展了质押物的范围，也为更多的小微企业和初创期企业提供了融资机会。

其次，质权和抵押权都是担保物权，但两者设立的条件不同。质押物需要转移给质权人（即贷款银行）占有，质权自质物交付质权人时设立；然而抵押物无须交由贷款银行占有，抵押权自登记之日起设立，抵押物不需要登记的，自抵押合同签订之日起设立。由于抵押物仍由借款人所占有，因此，当某项资产的价值能够满足两个以上债权要求时，抵押人可能会就该资产向两个或者两个以上的债权人提供抵押担保，从而形成两个抵押权，可能给贷款银行带来利益纷争。然而质押物由贷款银行占有后，借款企业无法将其进行再次质押。然而，此处需要注意的是，质押物和抵押物的转移占有并不意味着所有权的转移。《中华人民共和国担保法》第四十条规定："订立抵押合同时，抵押权人和抵押人在合同中不得约定在债务履行期届满抵押权人未受清偿时，抵押物的所有权转移为债权人所有。"然而对质押物的所有权，《中华人民共和国担保法》第六十六条规定："出质人和质权人在合同中不得约定在债务履行期届满质权人未受清偿时，质物的所有权转移为质权人所有。"由此可知，无论在抵押担保贷款还是在质押担保贷款中，抵押物和质押物的所有权均属于借款人所有。

三、保证担保与小微企业贷款

作为抵押担保的重要替代，保证担保在缓解信息不对称，改善小微企业融资方面也具有不可忽视作用。关于保证担保对小微企业贷款可得性的影响，Besanko 和 Thakor（2004）通过在模型中推导得出：若存在一个保证人，且该保证人能够准确观测到借款企业的真实风险，那么，企业因自身抵押品不足而面临的信贷配给就能得到缓解，社会福利也会随之增加。保证担保的融资作用也得到了实证上的支持。Menkhoff 等（2012）基于泰国的家庭金融调查数据研究发现，在样本家庭的贷款中，保证担保贷款占比71%，比抵押担保贷款更为普遍。保证担保能够降低银行对借款人的抵押担保要求，并且，相较于银企关系，第三方保证担保能够更加有效地替代抵押担保。

保证担保究竟是如何缓解银企信息不对称、减轻银行信贷配给的？学术界对此进行了深入探讨,分析并论证了保证担保的作用机制。Katz(1999)从银行、借款企业与保证人的三方利益关系入手,对保证担保的合理性与有效性展开了研究。该研究主要回答了三个问题:第一,银行发放保证担保贷款的原因是什么?第二,第三方为什么不选择直接向企业发放贷款以赚取利息收入,而甘愿充当保证人?第三,第三方保证担保模式具有什么样的优越性,为什么不采用由银行贷给保证人,再由保证人贷给借款企业的合作模式?对于第一个问题,笔者提到,银行发放保证担保贷款的前提,在于存在一个保证人并且该保证人能够以更低的成本对借款企业实施贷前甄别和贷后监督。对于第二个问题,虽然第三方的监督成本更低,但是由于资金变现的成本较高,其提供保证担保的收益要高于直接贷款的收益。最后,对于第三个问题,作者提出,当资金提供方有一定的信息优势时,采用保证担保的贷款模式要优于银行—保证人—借款企业的贷贷模式。关于保证担保的作用机制,该研究提出:当保证人能够更好地识别借款人的真实风险时,保证担保可以发挥信号传递作用,帮助银行对借款人进行甄别,从而缓解贷前信息不对称,抑制逆向选择问题;借款人与保证人之间往往存在一定的合作关系,为了维持与保证人之间的业务往来,获得贷款后,借款人通常会采取一定的预防性措施,以降低贷款违约风险,这将减轻贷后道德风险。综上所述,从理论层面来看,保证担保对信息不对称具有缓解作用,这对于小微企业贷款难题的解决非常有利。

但是,在中国,保证担保能否发挥对小微企业的融资作用,其结果还未可知。在理论研究领域,国内学者讨论了在中国国情下,保证担保对信息不对称的作用机制。在信用担保行业发展初期,国内信用担保机构以商业型担保机构为主,这些担保机构与小微企业之间也会存在信息不对称,并且出于对盈利性的考虑,商业型担保机构会向小微企业收取较高的保费。由于信息不对称的存在,保证人的信用担保意愿不再能传递企业高质量的信号,逆向选择问题得不到抑制,并且,高额的保费要求会使低风险企业退出信用担保市场,逆向选择和道德风险将进一步加重。为了发挥信用担保的融资作用,借款企业不得不提供足额的反担保品，而这早已脱离了保证担保的初衷，使其融资作用大打折扣。陈其安等（2008）比较了抵押担保与保证担保两种担保方式在小微企业融资中的作用。研究发现，商业担保机构的引入使更多的小微企业获得了贷款，但是，保证人与借款企业之间的信息不对称也加重了贷前逆向选择问题。随着商业担保机构信息生产的增加，借款企业需要提供的保费与反担保品减少，逆向选择问题也因此得到缓解。当担保机构与借款企业之间的信息完全对称时，保证担保不但能够提高小微企业贷款可得性，还能有效抑制逆向选择问题。由此可知，要想充分发挥保证担保的融资作用，必须要提高信用担保机构的信息获取能力。

四、信用贷款

信用贷款是指依据借款人信誉发放的无担保贷款。由于没有任何担保措施，银行在发放信用贷款时往往对借款企业有较高的要求。一般来说，企业需要满足以下条件，才有资格申请信用贷款：信用等级在 AA 级或 AA 级以上，没有违约等不良信用记录；财务方面，近三年企业利润总额保持持续增长，资产负债率在 60% 的良好值范围，现金流稳定、充足；承诺不将其有效经营资产用于为其他企业或个人提供抵（质）押，或作为第三方对外提供保证，如果有以上举措，应事前征得贷款银行的同意；有较高的经营管理水平。

关于信用贷款在国内的应用，相关文献进行了研究。在国外，一些研究发现，银行信用贷款的发放对象主要是优质企业，因为它们不仅有更多的权益支持，还有更稳定的现金流，投资机会也更多，对贷款的偿还比较有保障。然而在国内研究方面，平新乔和杨慕云（2009）以国内某商业银行为例，考察了信用贷款在个人贷款中的应用。研究发现，与其他贷款类型相比，信用贷款在个人贷款中的应用最少，在样本中占比不足 1.5%。尹志超和甘犁（2011）运用某国有银行一级分行的企业贷款数据进行了分析，研究发现，信用贷款在企业贷款中占比不足 3%，且其违约率也显著低于抵（质）押贷款和保证贷款。由此可知，无论是在国外还是国内，在个人贷款还是企业贷款领域，信用贷款的应用范围都比较有限。

与其他类型的贷款相比,信用贷款在贷款利率、信用风险方面的表现如何?相关研究比较匮乏。因此,可以从担保贷款对立面的视角进行了解。例如,某国外研究发现,担保贷款的贷款违约率更低,这也意味着信用贷款具有较低的信用风险[1]。就国内研究而言,平新乔和杨慕云的研究发现,在对个人的贷款中,无担保信用贷款的贷款利率和违约率均低于抵押贷款和保证贷款等担保类贷款。然而尹志超和甘犁(2011)发现,对于高信用等级的企业来说,信用贷款的违约率高于抵押担保,当借款企业信用等级较低时,结论则刚好相反。

另外,也有一些文献从其他方面考察了信用贷款。张晓玫和钟祯(2012)还考察了信用贷款中所使用的贷款技术,其研究结果表明,对中小企业来说,随着历史贷款次数的增加和银企关系的加深,企业申请信用贷款的可能性会上升。但该研究的结论并不足以证明信用贷款属于关系型贷款。杨家才(2003)对农户小额信用贷款的应用进行了分析,从成本、收益等方面将其与企业贷款进行了比较,并测算了农户小额信用贷款的发放规模。魏锋和沈坤荣(2009)分析了外部环境和制度对企业信用贷款的影响。研究结果显示,债权人法律保护的强化有助于增加企业获得的信用贷款;相较于非国有上市企业,银行更倾向于向国有控股公司发放信用贷款;但是,在政府干预较强的地区,对债权人权利的保护力度越大,国有企业获得的信用贷款量越少。

---

[1] Orgler Y E. A Credit Scoring Model for Commercial Loans [J]. Journal of Money Credit and Banking, 1970, 2 (4): 435 – 445.

第三章 传统商业银行的小微企业贷款

第一节 传统商业银行的小微企业贷款发展现状

随着对小微企业融资政策支持力度的提高,商业银行推出了各式各样的小微企业贷款产品。本节将在总结传统商业银行小微企业贷款产品的基础上,选取典型产品进行案例分析。

一、传统商业银行的小微企业贷款量

表3-1总结了主要商业银行2013~2018年的小微企业贷款总量。由该表可知,近几年商业银行对小微企业的贷款额增加,并且,通过对不同类型银行的比较,可以发现,国有商业银行是小微企业贷款的主力军。

表3-1 主要商业银行2013~2018年的中小企业贷款量　　单位:亿元

银行名称	2013年	2014年	2015年	2016年	2017年	2018年
中国建设银行	85901.00	11429.00	57775.13	64435.24	66431.48	—

续表

银行名称	2013年	2014年	2015年	2016年	2017年	2018年
中国农业银行	8133.01	9749.20	10882.28	12035.78	61475.84	68583.44
中国交通银行	12479.66	12591.51	27286.87	6839.58	30470.32	32186.01
中国招商银行	2863.00	3388.00	3108.00	2835.00	3127.00	3505.00
中国兴业银行	9888.00	11797.00	11976.00	12713.00	14824.00	—
中国民生银行	4047.22	4027.36	3712.24	3271.36	4282.38	4069.38
中国广发银行	4647.00	4539.00	4379.00	5002.00	—	—
中国平安银行	4825.00	5641.00	7293.00	15963.00	16108.00	16669.00
中国渤海银行	1610.00	1349.00	2111.00	2685.00	3172.00	—
中国浦发银行	9513.00	10280.00	10914.00	7405.00	8433.00	—
中国中信银行	2792.00	3498.00	5545.00	—	1025.00	1364.00
中国光大银行	1145.00	2465.00	2884.00	3410.00	4003.00	1282.00
华夏银行	1641.00	2065.00	2362.00	2714.00	3143.00	—
浙商银行	722.47	894.09	1074.15	1436.29	1822.05	—

资料来源：各大银行年报。由于某些年份银行小微企业贷款数据未披露，相关数据有缺省。

二、传统商业银行的小微企业贷款产品——按贷款方式划分

首先，本书按照贷款方式，对传统商业银行的小微企业贷款产品进行了大概的介绍和总结。

（一）抵（质）押担保类贷款产品

在传统商业银行对小微企业的贷款产品中，大部分产品为抵（质）押担保贷款。表3-2列出了其中的部分产品。由该表可知，从国有商业银行、股份制商业银行、城市商业银行，到农村商业银行，抵（质）押担保被广泛应用于各类银行的小微企业贷款中，并且，可用作抵（质）押担保的资产也各式各样，可以是房产、机器设备等不动产，实物黄金，企业债券、企业股份等有价证券，也可以是商标权和专利权等可转让权利。中国邮政储蓄银行的"渔船抵押小企业贷款"将渔船也纳入抵押品范围，解决了相关小微企业的"贷款难"问题。在

众多抵（质）押贷款产品中，知识产权质押贷款体现了银行抵（质）押担保贷款的创新。本书以南京银行的"软件著作权质押贷款"为例进行分析。

2016年5月，南京银行对南京道及天软件系统有限公司（下文统称为道及天软件）发放了额度为200万元的贷款，以该企业的5项软件著作权作为质押，是国内首笔无抵押、无第三方担保的知识产权质押贷款。该贷款是2016年江苏省技术产权交易所和南京银行联手推出的知识产权质押贷款试点成果。借款企业道及天软件是一家专注于信息系统内控安全管理领域的高新技术企业，在国内内控安全领域处于行业最前沿地位，其员工人数不足100人，属于典型的小微企业。公司已拥有软件著作权登记证书和软件产品登记证书十余项。在此次贷款中，道及天软件用作抵押的5项软件著作权价值为3000多万元，远高于200万元的贷款额度。

在此次"软件著作权质押贷款"中，江苏省技术产权交易所发挥了重要的作用，其工作包括对借款企业的初步审核并将其推荐给南京银行，组成工作小组对借款企业进行实地考察，对软件著作权的价值评估，并召开技术论证会等。在江苏省技术产权交易所的协助下，南京银行的贷前考核、评估成本大大降低，贷款积极性提高。

南京银行"软件著作权质押贷款"的成功，形成了一个银行与产权交易市场多方合作的贷款模式，为破解知识密集型小微企业的融资难题提供了借鉴。同时，该案例也说明，在拓展小微企业抵（质）押品范围的同时，银行需要引入有专业优势的合作对象，以消除高度专业化的抵（质）押物带来的过高的评估成本。

表3-2 商业银行对小微企业的抵押担保贷款产品

银行	产品	业务概述	适用对象	产品特色	贷款期限	贷款额度
中国建设银行	置业贷	用于购置商业用房、办公用房、标准厂房等固定资产以及装修商业用房、办公用房的人民币贷款业务	有固定资产购置需求的小微企业	以所购置固定资产为抵押物	期限一般不超过5年，最长不超过7年	不超过人民币3000万元，且不超过所置业交易价格或评估价值（以两者较低额为准）的一定比例

续表

银行	产品	业务概述	适用对象	产品特色	贷款期限	贷款额度
中国建设银行	快捷贷	为满足小微企业生产经营周转的融资需求，向能够提供合格金融质押品的借款人提供的短期信贷业务	能够提供合格金融质押品的小微企业	质押担保贷款，质押品包括定期存单、国债、保证金、银行承兑汇票等易变现的传统质物，及个人实物黄金、企业债券等新兴质押财产质押	不超过1年	单户贷款金额最高为3000万元
中国银行	快易贷	在客户提供足额有效的抵（质）押担保，并由企业实际控制人或股东提供连带责任保证担保的前提下，在标准时间发放授信的业务	年销售收入不超过1.5亿元人民币的批发类客户，以及年销售收入不超过1亿元人民币的非批发类客户，涵盖国家标准的小企业和部分中型企业	申请手续简便，T+3日即可获得贷款资金；产品丰富多样，客户可申请流动资金贷款、承兑汇票、信用证等产品在内的各种短期授信业务；资金循环使用	—	—
中国邮政储蓄银行	渔船抵押小企业贷款	向小企业法人发放的，用于借款人从事合法海洋捕捞等生产经营，以渔船抵押为主要担保方式的抵押担保贷款	从事海洋捕捞行业的小微客户	以渔船为主要担保物	额度支用期不超过2年，单笔贷款期限最长不超过5年	单户（笔）小企业法人贷款授信金额上限不得超过人民币3000万元
中国邮政储蓄银行	小企业法人快捷贷	针对符合准入标准的小微企业、个体工商户发放的用于满足其生产经营资金需求的小额快速循环信贷产品。需落实有效的抵（质）押、保证担保等担保方式	具备一定资产积累、具有一定融资需求，且能够提供房地产抵押的守成型或稳健型小微企业	有效的抵（质）押及保证担保等担保方式；采用额度授信方式，一次授信，循环使用，随借随还	额度使用期为2年，单笔流动资金贷款期限最长2年，单笔固定资产贷款期限最长5年	一般不超过200万元，最高500万元

· 45 ·

续表

银行	产品	业务概述	适用对象	产品特色	贷款期限	贷款额度
交通银行	小企业经营性物业抵押贷款	向小企业发放的、以其或主要经营者个人名下所拥有的经营性物业作为贷款抵押物，并以该物业的经营收入作为还本付息主要来源的抵押贷款	自有流动资金不足、但拥有经营性物业，需获得银行信贷支持的小微企业	贷款额度高、贷款期限长；实物资产抵押；贷款用途多样，可用于企业生产经营活动，也可用于企业资本型投资支出，置换之前建造、购置经营性物业过程中形成的负债性资金等	固定资产贷款的期限一般不超过5年，最长可至10年；流动资金贷款的期限最长不超过3年	贷款额度最高2000万元；贷款额度最高不得超过所抵押物业评估价值的70%
	商标权与专利权担保贷款	向小企业发放的由企业以商标权、专利权提供质押担保，或与其他担保方式组合担保，用于满足企业生产经营过程中正常资金需要的贷款	拥有自主知识产权的优秀小企业	以商标权、专利权为贷款质押物，或提供组合担保	最长为3年	最高为2000万元
华夏银行	房抵贷	借款人以房产抵押作为担保，银行在规定的抵押率范围内，给予借款人一定期限的流动资金贷款	拥有有效房产抵押物的小型企业、微型企业、个体经营户（含个体工商户和小企业主）	房产抵押贷款；享受专有的审批流程和通道，手续简便、流程简化	期限较长。小型企业贷款期限最长3年，个体工商户和小企业主贷款期限最长5年	授信额度最高2000万元人民币
上海银行	OTC场外交易市场股权质押贷款	企业控股股东、实际控制人或持股占比30%及以上的其他股东以本企业股权为质押，以获得银行贷款	企业控股股东、实际控制人或持股占比30%及以上的其他股东	股权质押贷款；银行授信	—	质押率不超过70%，授信金额应低于质押股权价值

续表

银行	产品	业务概述	适用对象	产品特色	贷款期限	贷款额度
成都农商银行	便捷经营贷	向小微企业主、个体工商户发放的用于满足生产经营资金需求的，以抵（质）押作为担保方式，直接进行授信的快速循环信贷产品	服务区域内从事生产经营的自然人、个体工商户、个人合伙企业的合伙人、个人独资企业的投资人、法定代表人或公司股东	银行授信产品；抵（质）押担保贷款	授信期限最长可达10年	申请额度无最高上限

资料来源：各大商业银行网站。

（二）保证担保类贷款产品

表3-3对部分商业银行的小微企业保证担保类贷款产品进行了汇总。通过汇总，可以发现，银行对小微企业的保证担保方式较为灵活，其保证人可以是企业法定代表人或实际控制人、一般自然人、一般企业法人，也可以是专业性担保机构、政策型担保机构，甚至可以采用企业联保模式。并且，交通银行、光大银行、浦发银行等多家银行推出了组合贷，通过抵（质）押担保与保证担保的组合，降低借款企业的抵（质）押压力。

表3-3 商业银行对小微企业的保证担保类贷款产品

银行	产品	业务概述	适用对象	产品特色	贷款期限	贷款额度
中国建设银行	商盟贷	向联盟体中的企业提供的贷款业务，每个企业均对其他所有借款人借款而产生的全部债务提供连带保证责任	政府机构或银行认可的行业协会推荐的客户，专业市场、产业园区内的客户，核心大企业的上下游企业等	联保贷款：多户联保、互相监督、责任连带	贷款授信有效期最长不超过1年，单笔贷款期限不超过1年	单户贷款额度最高2000万元

续表

银行	产品	业务概述	适用对象	产品特色	贷款期限	贷款额度
中国建设银行	租贷通	向卖场内的小企业商户提供的流动资金贷款业务,由卖场提供连带责任保证的。卖场包括百货商场、专业市场、小商品市场、商业街和商贸楼等	经国家工商行政管理机关核准登记的、在卖场中经营的小企业客户	由卖场提供第三方保证;依托于卖场租金的贷款	不超过1年	以商户与卖场签订的租赁协议中约定的一年租金总额为限,最高不超过300万元
中国邮政储蓄银行	担保公司担保小企业贷款	向符合银行准入标准的自然人发放的,用于满足其生产经营需求的贷款,由银行准入的担保机构提供第三方保证担保	全部小微客户	采取"担保公司担保+实际控制人及其配偶连带责任保证"的担保模式。对于担保公司未提供全额担保的,追加保证金质押或房地产抵押等	单笔贷款最长期限不得超过1年,总行特别批复的除外	不超过人民币2000万元
中信银行	信捷贷—保证贷	银行针对小企业资金需求急的特点,以第三方保证为担保方式,快速满足小企业资金需求的贷款业务	适用于经营情况及信用情况良好、有固定营业场所的小企业、个体工商户和小企业主	授信贷款;保证担保贷款	授信期限最长为3年	金额最高为500万元
上海农商银行	鑫盟贷	针对连锁酒店加盟商的贷款业务,采用灵活多样的担保方式,既有效缓解加盟商新开酒店和酒店翻修的资金压力,又解决开业初期的资金周转难题	符合银行标准的知名经济连锁品牌酒店的加盟商	可根据酒店的装修进度及开业进度即时提款;担保方式灵活多样①		单户授信额度最高达500万元

资料来源:各大商业银行网站。

---

① 申请额度100万元以内,仅需法定代表人或实际控制人提供担保;申请额度200万元以内,仅需第三方自然人保证担保;申请额度400万元以内,可由第三方法人企业保证担保方式,或同一实际控制人名下其他加盟企业保证担保;申请额度500万元以内,可采用抵(质)押担保,或由政策性融资担保公司担保、商业性融资担保公司担保、抵押加保证组合担保。

(三) 混合担保类贷款产品

传统商业银行在一般担保贷款的基础上,通过对不同担保方式的组合,推出了混合担保类贷款产品。具体而言,混合担保方式是对同一贷款既有保证担保,又有抵(质)押担保的贷款模式,即将人的担保与物的担保相结合。在混合担保中,抵押、质押、保证、信用可任意组合,选用两种或者两种以上进行组合担保。目前,混合担保方式是使用最多、最广泛的贷款模式。

混合担保贷款以短期贷款为主,一般不超过3年,比较典型贷款产品的有中国邮政储蓄银行的"组合担保小企业贷款"。该贷款以房产或国有建设用地使用权为抵押,并由银行准入的第三方保证人或融资性担保机构提供连带责任保证,用于满足小微企业自身生产经营资金需求。其授信额度支用期最长为3年,额度内贷款期限最长为12个月。

相较于单一担保模式,混合担保类贷款最大的优势在于降低了对借款企业的抵押担保要求,为小微企业提供了更为广阔的融资渠道。

(四) 信用贷款类产品

表3-4简单列举了商业银行对小微企业的信用贷款产品。从中可以看到,近年来,小微企业的信用贷款产品正日渐丰富。其贷款对象,多为与银行有其他业务合作的小微客户,如交通银行的"优贷通"产品,其借款企业需要以交通银行作为主要结算银行,且企业及其关键人在交通银行的账户已形成一定资金沉淀量。此外,商业银行还可利用企业在其他系统的信息发放信用贷款,如杭州银行的"税金贷"产品。在贷款期限上,各商业银行对小微企业的信用贷款大多不超过1年,其贷款额度也在500万元以内。

(五) 不同贷款产品的比较

通过对不同类型贷款产品的比较,可以发现,首先,在贷款额度方面,与其他贷款产品相比,抵押担保贷款具有较高的贷款额度,额度可达3000万元;然而信用贷款的额度相对较低,不超过500万元。对于小微企业而言,其贷款需求通常较小,信用贷款可以满足其大部分融资需求。其次,从贷款期限来看,抵(质)押

表3-4 商业银行对小微企业的信用贷款类产品

银行	产品	业务概述	适用对象	产品特色	贷款期限	贷款额度
中国农业银行	微捷贷	以小微企业及企业主的金融资产、房贷等数据为依据,通过网上银行、手机银行等电子渠道,为客户提供可循环使用、纯信用方式的小微企业网络融资产品	小微企业	业务实现自动化运作和全流程线上办理,通过电子渠道即可完成资料提交、贷款申请、合同签订、提款和还款等手续	不超过1年	信用额度最高100万元
中国建设银行	创业贷	对"有业、有责、有信"的小微企业发放的用于短期生产经营周转的可循环的信用贷款业务	"有业、有责、有信"的小微企业客户,创业期的小微企业客户	信用贷款,助推创业企业成长	有效期最长1年(含)	贷款额度最高100万元
交通银行	优贷通	面向以交通银行作为主要结算银行的小微客户,依据其经营资金回笼情况,综合考量客户贡献度和信贷风险,核定其信用额度和调减利息的优惠授信政策	以交通银行作为主要结算银行,且企业及其关键人在交通银行账户形成一定资金沉淀量的优质客户	在原有利率定价基础上享受调减利息优惠;积点分档定价:将客户存款、理财及与经营相关的部分签约业务等换算累积为积点,客户积点越多,可调减的利息越多	不超过1年	信用额度最高500万元,增加其他担保方式,额度最高2000万元
中信银行	信捷贷—信用贷	银行针对小企业资金需求急的特点,发放的能够快速满足小企业资金需求的信用贷款	适用于经营情况及信用情况良好、有固定营业场所的小企业、个体工商户和小企业主	无担保要求	授信期限最长为1年	金额最高为200万元

续表

银行	产品	业务概述	适用对象	产品特色	贷款期限	贷款额度
中信银行	POS贷	针对POS机收单商户，依据其一定期限内的POS入账金额，给予其一定金额贷款的业务	适用于有固定营业场所的POS收单商户	信用贷款，无需抵押；授信业务，循环使用	不超过1年	贷款额度一般为客户月均POS流水量的3倍，最高200万元
杭州银行	税金贷	对依法纳税且符合准入标准的企业的法定代表人发放的个人经营性贷款产品，借款人可在约定的额度、期限、时间内通过银行个人网上银行和手机银行循环使用贷款资金	依法纳税企业的法定代表人	信用贷款；授信业务，循环使用；可通过网上银行和手机银行的形式线上办理	不超过1年	授信额度最高100万元

资料来源：各大商业银行网站。

担保贷款的期限较长，最长可达10年，能够满足小微企业购置固定资产的需求，而保证担保贷款和信用贷款的贷款期限大多是1年期的银行授信，满足小微企业的日常流动性资金需求。此外，目前银行的小微企业贷款产品具有高度灵活的特征，通过混合担保的形式，满足了不同特征小微企业的融资需求。

三、传统商业银行小微企业贷款产品的创新

在以上四类贷款产品之外，商业银行还进行了一系列贷款业务创新，研发出了新型的小微企业贷款产品。保证保险贷款是其中的一大创新，通过银保合作，创新银行的营销渠道，拓宽小微企业的融资担保路径，中国银行和邮政储蓄银行等商业银行均推出了相关产品。以中国银行的"小额贷款保证保险融资"为例，在该贷款产品中，借款人需要先向保险公司投保小贷保险，由保险公司为其提供

小额贷款保证保险担保。中国邮政储蓄银行的"保证保险小企业贷款"产品提出了更高的要求，该产品不仅要求借款企业向银行指定的保险公司投保小额贷款保证保险，还需要企业为其法定代表人投保人身意外伤害保险，并由企业法定代表人及其配偶、实际控制人及其配偶提供连带责任保证担保。该产品将保险与保证担保两种担保方式进行了组合，以实现对信用风险的有效控制。

在保险公司以外，商业银行还引入了其他金融机构。例如，华夏银行的"卖断型接力贷"和"买断型接力贷"。以"卖断型接力贷"为例，该贷款是指由银行与第三方金融机构分两个融资时段共同向借款人发放贷款。在第一个融资时段，由华夏银行向借款企业发放贷款，而在第二个融资时段，由第三方金融机构依照提前签订的《卖断型接力贷四方业务合作协议》受让信贷资产。"买断型接力贷"则与之相反，即先由第三方金融机构向借款企业发放贷款，后由银行依据约定受让第三方金融机构的信贷资产。这种贷款有助于在银行与第三方金融机构之间分散风险，并降低对资金的占用，提高银行的贷款意愿。此外，这种贷款产品还具有贷款期限上的灵活性，采用 T+3 或 T+6（T≤12 个月）的期限配置，在约定期限的基础上，延长企业的还款期限，以避免因企业临时资金周转紧张而出现违约。

此外，银行还借助互联网技术和互联网平台推出了许多新型贷款产品，这部分将在本书第五章中进行详细介绍，此处不再赘述。

四、政策类贷款产品

为了解决小微企业"贷款难"问题，政府出台了一系列融资支持政策。在这一背景下，传统商业银行通过与政府相关部门的合作，创新出了一批政策类小微企业贷款产品。表3-5列举了部分政策类贷款产品。从中可以看到，商业银行的小微企业政策类贷款主要面向科技型中小微企业、农业小微企业等政府重点关注的领域。其原因在于，处于初创期的科技型中小微企业具有高风险特征，且信用评估难度较大，对以盈利性为目标的商业银行来说并不是一个好的贷款对象。同样地,农业小微企业也往往具有抵押物不足、信息透明度差等弱点,仅凭自身能力很难获得银行贷款。因此,相关政策更多地向这些企业倾斜。此外,从商业银行与政府的合作模式来看,政策类贷款产品主要采用了两种方式:一是由政府风险补偿基金提供一定比例的担保,以达到增信的目的,相关产品有中国农业银行的"科创贷"、中国建设银行的"助保贷"、交通银行的"科贷通"和"惠农通";二是基于政府采购活动的供应链融资,相关产品有中国建设银行和交通银行的"政府采购贷"。

表3-5 商业银行对小微企业的政策类贷款产品

银行	产品	业务概述	适用对象	产品特色	贷款期限	贷款额度
中国农业银行	科创贷	向纳入各级政府风险补偿基金支持范围的科技型中小企业发放的各类本外币信用总称,包括贷款、贸易融资、票据承兑、贴现、保理、承诺、信用证、保函等表内外融资业务	纳入各级政府风险补偿基金支持范围的科技型中小企业	融资额度高;贷款利率低,企业可享受优惠融资利率;担保方式活,可采用政府增信、保证保险等多种担保方式办理业务	—	最高可达8000万元
中国建设银行	政府采购贷	向签订政府采购合同的小微企业提供的,以财政性资金作为还款来源的人民币流动资金贷款	政府采购项目的中标小微企业	基于政府采购活动的供应链融资;属于订单融资或应收账款质押	不超过6个月	额度不超过人民币3000万元
	助保贷	建设银行与政府合作,在企业提供一定担保的基础上,由企业缴纳一定比例的助保金和政府提供的风险补偿资金共同作为增信手段的信贷业务	经国家工商行政管理机关核准登记的小企业,且已进入小微企业"助保贷"目标客户库名录	政府增信,在铺底风险补偿金基础上,企业缴纳助保金,优化了担保要求和融资成本	不超过1年	贷款额度不超过3000万元

续表

银行	产品	业务概述	适用对象	产品特色	贷款期限	贷款额度
中国建设银行	政府采购贷	依托政府支付信用,增强供应商小微企业的融资能力,降低融资成本	在政府采购项目中中标的小微企业	依托政府支付信用,增强供应商小微企业的融资能力,加速资金回笼	授信期限一般为1年	授信额度最高可达1000万元
交通银行	科贷通	向苏州市科技局、苏州市财政局、银行共同审核同意的科技型小企业发放的信用贷款,以苏州市科技型中小企业信贷风险补偿专项资金为保障	科技领先、成长性好的科技型小企业	依托政府设立的风险补偿金,政府与银行共担风险	贷款期限原则上为1年,最长不超过2年	贷款额不超过500万元
交通银行	惠农通	向各粮食主产区现代农机合作社提供农机购置贷款,其中,国家和省财政负责偿还60%本息,其余40%由合作社自行偿还	经黑龙江省农委批准列入国家财政补贴范围的现代化农机专业合作社	先贷款后抵押,贷款发放后由黑龙江省农机公司集中采购农机设备,设备到位后再办理抵押手续	单笔业务期限最长15年,其中国家财政补贴部分的贷款期限为6年	500万~2000万元

第二节　传统商业银行对小微企业贷款的案例分析

一、传统商业银行的贷款方式分析

为了更好地了解传统商业银行小微企业贷款的发展现状,本小节以某国有商业银行的中小微企业贷款为例,对其贷款方式进行分析。

表3-6对银行贷款的分布情况及不同产品的贷款特征进行了统计。在银行贷款方式分布方面,在16986笔小微企业贷款中,仅有248笔贷款为信用贷款,占比1.46%,获得信用贷款的企业共57家。可见,信用贷款在对小微企业贷款中应用较少。从贷款额度来看,信用贷款的贷款额在总贷款额中占比5.60%,高于其贷款笔数的占比,这意味着与其他贷款方式相比,信用贷款的单笔贷款金额相对较多。这与贷款产品分析中得出的结论相反,其原因在于,样本均为企业贷款,而一部分小微企业贷款是以企业主的个人贷款形式获取的。

表3-6 不同贷款产品的分布情况与贷款特征

	抵押担保贷款	质押担保贷款	保证担保贷款	抵押+质押担保贷款	混合担保类贷款	信用贷款
企业数量(家)	2524	166	657	37	817	57
企业占比(%)	59.28	3.90	15.43	0.87	19.19	1.34
贷款笔数(笔)	11594	478	2390	116	2160	248
贷款笔数占比(%)	68.26	2.81	14.07	0.68	12.72	1.46
总贷款金额(亿元)	761	37	166	30	119	66
总贷款额占比(%)	64.55	3.14	14.08	2.54	10.09	5.60
贷款金额(万元)	655.5655	782.5868	695.1792	2540	551.8036	2680
贷款期限(月)	15.1187	11.1774	15.9211	68.3592	15.1066	45.9476
贷款利率	0.0695	0.0633	0.0683	0.0719	0.0684	0.0592

在全部贷款样本中,抵押担保贷款的占比最高,表现在获得抵押担保贷款的企业数量最大、发放的抵押担保贷款笔数最多,贷款金额最大。具体而言,就贷款笔数而言,抵押担保贷款占比约为68.26%;获得抵押担保贷款的企业占比高达59.28%,即每家中小微企业平均可获得近5笔抵押担保贷款;抵押担保贷款的总贷款额在全部贷款总额中占比64.55%。与抵押担保相比,质押担保在样本

---

① 宋卓霖. 中小微企业融资中的贷款技术与风险缓释机制研究——来自银行贷款与P2P网络借贷的证据[D]. 成都:西南财经大学,2016.

企业贷款中的应用偏少。同时具备抵押担保与质押担保的贷款所占比例也仅为0.68%。

保证担保在企业贷款中也获得了一定的应用。在样本中，共计657家企业获得了保证担保贷款，其贷款笔数和贷款金额占比分别为14.07%和14.08%，平均每家企业获得了超过3笔保证担保贷款。另外，混合类担保贷款的数量和贷款总额略低于保证担保贷款，但获得这类贷款的企业数量要比保证担保贷款多。

整体而言，约63.18%的贷款存在抵押或质押担保要求，其贷款额合计高达67.69%。由该数值可知，银行对中小微企业的贷款高度依赖于抵押担保。

表3-6还比较了不同贷款产品的贷款特征。首先，在贷款金额方面，混合类担保贷款的单笔贷款额度最小，抵押担保贷款次之，信用贷款的单笔贷款额度最大，这也与贷款产品分析部分的结论有所不同。其次，从贷款期限来看，采用"抵押+质押"担保方式的贷款对应的贷款期限最长，平均长达5年以上，信用贷款的贷款期限将近4年，也远高于其他贷款方式。上述分析表明，与其他贷款相比，商业银行的信用贷款产品以及"抵押+质押"担保贷款产品均具有"贷款额度大、贷款期限长"的特点。最后，在贷款成本方面，信用贷款产品收取的贷款利率最低，而"抵押+质押"担保贷款产品所收取的贷款利率最高。结合信用贷款"贷款额度大、贷款期限长"的特点，我们认为，信用贷款收取较低风险溢价的原因在于能够获得信用贷款的中小微企业往往具有较高的信用质量，违约风险较小。

表3-7统计了不同贷款产品的金额分布情况。从中可以发现，单笔贷款金额分布呈现出"两头小、中间大"的趋势，单笔贷款的金额集中分布于20万~5000万元的贷款占总贷款数量的98%以上，其中，100万~500万元的贷款分布尤其多。20万元以下的小额贷款在总贷款中占比不足1%，其主要的贷款方式是抵（质）押担保。此外，约40%信用贷款的贷款额度位于1000万~5000万元，再次说明该样本中的信用贷款并不属于小额信用贷款，不属于小微企业信用贷款的范畴。

表 3-7　不同贷款产品的金额分布情况　　　　　单位：笔

	抵押担保贷款	质押担保贷款	保证担保贷款	信用贷款	"抵押+质押"担保贷款	混合担保类贷款	合计
20万元以下（含20万元）	12	25	6	0	0	7	50
20万~100万元（含100万元）	1036	75	131	4	2	246	1494
100万~500万元（含500万元）	6824	221	1450	44	34	1318	9891
500万~1000万元（含1000万元）	2395	85	557	71	26	427	3561
1000万~5000万元（含5000万元）	1238	62	228	98	40	150	1816
5000万~1亿元（含1亿元）	71	8	11	27	8	10	135
1亿~2亿元（含2亿元）	17	1	7	2	5	2	34
2亿~3亿元（含3亿元）	1	1	0	2	1	0	5

二、传统商业银行的贷款技术分析

在不同的贷款产品中，传统商业银行分别采用了哪一种贷款技术？对该问题的回答，能够揭示不同贷款方式的本质，发掘不同贷款方式下的风险点。根据对交易型贷款技术和关系型贷款技术的定义，以及对交易型贷款技术的具体划分，可以初步明确，抵（质）押担保贷款应属于交易型贷款，而保证担保贷款与信用贷款中采用的贷款技术需进一步商榷。具体而言，对抵押担保贷款而言，若抵押物为机器设备，则应属于设备贷款；抵押物为房屋、土地时，应属于不动产贷款；抵押物为存货时，应属于资产支持型贷款，这些均采用了交易型贷款技术。然而对质押担保贷款而言，由于质押物多为国库券、银行存单等有价证券或其他可转让权利，因此，应属于交易型贷款技术中的资产支持型贷款技术。

对于保证担保贷款而言，借款企业是第一还款源，而保证人是第二还款源。因此，银行贷款决策的依据不仅是借款企业的信用状况和还款能力，还需要考虑第三方保证人的还款能力，当保证人与银行之间存在合作关系时，银行也可能会根据保证人的信誉向借款企业提供贷款。基于上述分析，保证担保贷款中所采用的贷款技术无法确定。若银行主要根据借款企业和保证人的财务状况决定是否发放贷款，则保证担保贷款应属于交易型贷款中的财务报表型贷款；否则，若保证人的软信息是银行贷款决策的主要依据，则该贷款应属于关系型贷款。

信用贷款应属于交易型贷款还是关系型贷款？在回答该问题之前，应该先明确银行信用贷款的对象。前面提到，银行在发放信用贷款时，对企业财务状况有较高的要求。然而根据对"硬信息"和"软信息"的定义，企业财务指标应属于硬信息范畴。但是，银行信用贷款对银企关系和软信息也有一定要求。一般而言，银行不会向新客户发放信用贷款。可见，在信用贷款中，银行也可能需要通过银企关系获取关于企业和企业主信誉等方面的软信息，作为贷款决策的依据。以上分析表明，在信用贷款中，银行对中小微企业的财务状况和银企关系都有一定的要求，但由于其对企业财务状况更为关注，因此，这种信用贷款产品应属于交易型贷款技术。值得注意的是，此处提到的信用贷款是银行对企业的一般性信用贷款，贷款金额较大、期限较长，并不适用于小微企业。然而商业银行对小微企业的信用贷款产品，则主要具有"额度小、期限短"的特征。那么，在小微企业信用贷款产品中，传统商业银行主要采用了哪一种贷款技术？

从交易型贷款技术与关系型贷款技术的定义来看，要判断信用贷款采用的是哪一种贷款技术，需要比较银行对软信息与硬信息的重视程度。若在满足一般申请条件的基础上，银行更强调的是银企关系或其他软信息，那么中小微企业信用贷款应属于关系型贷款。但是，如果银行对企业财务状况和经济实力有较高的要求，而与之相比，对银企关系或其他软信息的要求偏低或基本没有要求，那么，就认为银行对中小微企业的信用贷款采用的是交易型贷款技术。交易型贷款技术又包括"财务报表型贷款技术""资产支持型贷款技术""中小企业信用评分技术""保理""设备贷款""不动产贷款技术"以及"租赁"七种贷款技术。显然，信用贷款并不属于"资产支持型贷款技术""保理""设备贷款""不动产贷款技术"和"租赁",所以,倘若信用贷款采用的是交易型贷款技术,就只可能是"财务报表型贷款技术"和"中小企业信用评分技术"。"财务报表型贷款技术",顾名思义,是以借款企业财务报表为主要决策依据的贷款技术,其贷款对象的信息不透明程度往往较低。然而"中小企业信用评分技术",则是以企业主个人信用状况作为企业信用风险的评判标准,贷款对象多为信息不透明程度较高的中小企业,贷款金额也相对较小①。由此可知,如果银行信用贷款的对象是财务状况较好、经济实力强的大中型企业,那么信用贷款采用的应该是"财务报表型贷款技术"。然而对于小微企业信用贷款产品而言,由于小微企业尚无法提供规范的财务报表,因此银行对小微企业的信用贷款产品不可能采用财务报表型贷款技术。由上述分析可知,小微企业信用贷款应属于关系型贷款技术或交易型贷款技术中的中小企业信用评分技术。下面,我们将通过案例分析来判断小微企业信用贷款中的贷款技术。

以中国农业银行的"微捷贷"为例,"微捷贷"是中国农业银行以小微企业及企业主的金融资产、房贷等数据为依据,通过网上银行、手机银行等电子渠道,为客户提供的可循环使用、纯信用方式的小微企业融资产品。贷款期限在1年以内,贷款金额不超过100万元。忽略其独特的办理渠道,该贷款产品实质上是以小微企业及企业主个人的金融资产、房贷等数据为依托,提供的短期小额信用贷款。从信息特质来看,在"微捷贷"中,银行贷款决策的主要依据是小微企业及企业主个人的金融资产、房贷等数据,这些数据属于定量化信息,可在借款企业提交借款申请时提供给贷款行,无须信贷经理实地走访,因此,应属于硬信息的范畴。由此可以排除关系型贷款技术,并且,根据企业主个人的资产信息进行贷款决策,属于典型的中小企业信用评分技术。

表3-8对不同贷款产品中的银行贷款技术进行了总结。

---

① 信用评分技术最早被应用于个人消费贷款领域。后来,研究发现,企业负责人的个人信用状况与企业信用质量高度相关。因此,信用评分技术作为中小企业贷款技术,解决了借款企业无法提供财务报表数据的问题。

表3-8 不同小微企业贷款产品中的银行贷款技术

银行贷款方式	贷款技术细分	贷款技术
抵押担保贷款	设备贷款技术（以设备为抵押）、不动产贷款技术（以土地、房屋为抵押）、资产支持型贷款技术（以存货为抵押）	交易型贷款技术
质押担保贷款	资产支持型贷款技术	交易型贷款技术
"抵押+质押"担保贷款	多种贷款技术的组合	交易型贷款技术
保证担保贷款	财务报表型贷款技术、关系型贷款技术	取决于具体的贷款产品
混合担保贷款	不同贷款技术的结合	取决于具体的担保方式
信用贷款	中小企业信用评分技术	交易型贷款技术

第三节 中国融资担保业的发展及国际借鉴

由商业银行的小微企业贷款产品可知，担保机构在小微企业贷款中发挥着重要作用。本节将对中国融资担保业的发展现状进行介绍，并在此基础上吸取国际经验。

一、中国中小企业信用担保体系

中小企业信用担保体系是以解决中小微企业融资问题为目标的一整套信用担保制度。美国、英国、法国、意大利、日本等国家均已建立了一套成熟的中小企业信用担保制度。中国在经历过探索、规范、完善三个阶段之后，也早已形成了"一体两翼四层"的中小企业信用担保体系。其中，"一体"是模式的主体，可概括为"多元化资金、市场化操作、企业化管理、绩优者扶持"；"两翼"即专业化的商业担保机构与互助担保机构；"四层"是指中央、省、市、县四个层级的担保与再担保①。

中小企业信用担保体系涵盖了政策型担保、商业型担保和互助型担保三种不同类型的融资担保模式。其中，政府型担保机构处于该体系的核心地位，是为中小微企业提供金融服务的政策性扶持机构，不以营利为目的。互助型担保机构是中小微企业为解决自身融资问题而自发组建的融资性担保机构，资金大部分来自于会员企业的出资，也有少部分的地方政府资助，担保风险自担，且不以营利为目的。商业型担保机构则是以盈利为目的的专业化融资担保机构。

那么，政策型担保、商业型担保和互助型担保，哪种类型的融资担保模式在解决中国中小微企业融资中更有优势？该问题曾一度是国内信用担保领域关注的焦点。围绕这一问题，学者们提出了不同的见解。郝蕾和郭曦（2005）比较分析了互助型担保和政策型担保在小微企业融资中的作用，提出互助型担保具有信息上的相对优势，与政策型担保相比，能够更好地解决企业融资问题。彭江波（2008）论证了互助型担保在解决小企业融资中的重要性，并提出中小企业信用担保体系应该以互助型联保为基础。

二、中国融资担保业的发展历程

中国融资担保行业起步较晚，1993 年，第一家专业性担保公司——中国经济技术投资担保公司成立，标志着中国融资担保业的开端。之后融资担保业经历了四个发展阶段②。

（1）起步期：1993~2000 年。在这一时期，融资担保行业整体呈现了缓慢发展的趋势，融资性担保机构较少，以政策型担保机构为主。

（2）发展期：2001~2007 年。在这一阶段，中小企业数量迅速增加，对融资性担保的需求加大，民营资本纷纷成立融资性担保机构。

（3）迅猛发展期：2008~2010 年。为了减轻危机对中小企业发展的影响，

---

① 狄娜. 一体两翼三层担保体系一路走好 [J]. 科技创业月刊，2003（8）：28-29.
② 胥岢. 融资担保业现状、问题及规范发展探讨 [J]. 西南金融，2015（4）：52-54.

融资担保行业的政策支持力度加大。在一系列支持政策的刺激下，融资性担保机构出现爆发式增长。截至2010年末，国内融资性担保机构共计6030家，在保余额约1.15万亿元。其中，有1427家担保公司是国有控股，民营与外资控股公司4603家，占比76%。可见，在十年的快速发展之后，民营融资性担保机构已占据了市场的主导，这也为之后的危机埋下了种子。民营资本和外资的逐利性质，导致了融资担保行业鱼龙混杂的局面。为了追求高利润，部分融资性担保机构将业务重心从提供融资性担保转向发放高息贷款，甚至还与关联企业相互勾结套取银行贷款，这些行为不仅不利于小微企业融资，还导致了担保机构信用风险的上升，并最终引发了信用担保危机。

（4）调整期：2011年至今。2011年，各地融资性担保公司纷纷陷入信用危机，例如，郑州担保圈危机、厦门融典融资担保公司的巨额坏账，为融资担保业敲响了警钟。为了控制风险，政府开始加大对融资担保行业的整顿。2010年3月，中国银行业监督管理委员会发布了《融资性担保公司管理暂行办法》，强调融资性担保公司应以安全性、流动性、收益性作为经营原则，并规定其融资性担保责任的余额不得超过其净资产的10倍。2011年6月，中国银行业监督管理委员会、中华人民共和国国家发展和改革委员会、中华人民共和国工业和信息化部、中华人民共和国财政部、中华人民共和国商务部、中国人民银行、中华人民共和国国家工商行政管理总局、国务院法制办公室发布了《关于促进融资性担保行业规范发展的意见》，鼓励融资性担保公司从事专业性融资担保业务，要求其提高对风险的识别和管理能力。经过整顿，融资性担保机构的数量有所回调，截至2013年末，全国共有8185家融资性担保机构，比上一年减少了405家，首次出现了数量上的减少，其在保余额的增速也逐渐放缓。

回顾中国融资担保业的发展，可以从中得到以下经验教训：第一，融资担保机构的专业能力和风险管理水平有待提高。第二，民营担保机构的逐利性限制了其融资作用的发挥，政策型担保的重要性逐渐凸显。第三，担保机构在与银行的合作中处于弱势地位，几乎承担了所有风险，银担合作模式和风险分摊机制有待改进。

三、中小企业信用担保体系的国际借鉴

信用担保制度最早起源于欧洲,"二战"后,日本从德国引入了该制度并在此基础上建立了最早的中小企业信用担保体系①。其后,美国、加拿大等国家也纷纷建立了中小企业信用担保体系。这些国家信用担保体系的运作经验,对于我国中小企业信用担保体系的建立和完善具有重要的借鉴作用。

在欧洲,中小企业信用担保体系主要以互助型担保和政策型担保为主,其中,意大利等国家是典型的互助型担保国家,而英国、日本、美国等国家则是以政策型担保为主。在日本,政策性担保机构(即信用担保协会)在整个中小企业信用担保体系中占主导,由中小企业金融公库为其提供再担保,其担保对象为发展多样性的、有活力的独立中小微企业。在风险分摊机制方面,当贷款出现违约时,由贷款银行承担20%的贷款损失,剩余的80%由地方信用担保协会承担10%~30%,中小企业金融公库作为再担保机构,承担其中的70%~90%。美国的担保体系是以政策性为主导的一级担保模式,其核心是中小企业局(SBA),担保对象是无法从一般融资渠道获得合理贷款的中小微企业。对于100万美元以内的贷款,贷款银行风险分担比例不低于25%,10万美元以内的小额贷款,贷款银行风险分担比例不低于20%。表3-9对主要国家的政策型担保模式进行了总结。

表3-9 主要国家的政策型担保模式

国家	政策型担保核心机构	对象	产品种类
美国	中小企业局	中小微企业	创业贷款、担保、咨询
日本	中小企业信用保证协会、中小企业信用保险公库	新组织、中小微企业	创业贷款、担保、咨询
法国	SOFARIS*	中小微企业	创业贷款、担保、咨询

---

① 王传东,王家传.中小企业信用担保的国际经验与借鉴[J].国际金融研究,2005(10):28-32.

续表

国家	政策型担保核心机构	对象	产品种类
英国	小公司贷款担保计划	新组织、无固定资产抵押物的中小微企业	担保、咨询
加拿大	全国性中小企业贷款政策性担保体系、区域性的中小企业担保体系、中小企业出口信用保险体系	中小微企业、社区创办小企业、从事国际贸易的中小微企业	担保、创业贷款、出口信用保险

注：＊表示 Société Francaise de Garantie des Financements des Petites et Moyennes Enterprises 的缩写。

上述国家的中小企业信用担保体系以政策型担保为核心，政策型担保是政府出于对产业政策及经济发展的考虑，向符合政策要求的中小企业所提供的担保。因此，这些国家的中小微企业保证担保具有很大程度的政策性，并非以盈利为目的。该制度也取得了明显的效果。政策型担保为中小微企业提供了信用补充，使原本遭受信贷配给的借款企业成功获得了贷款[①]。相较之下，中国的中小企业信用担保体系虽然也以政策型担保为核心，但政府在该体系中的出资比例较低，降低了该体系对中小微企业融资的扶持力度。

但是，这些国家的中小企业信用担保体系也存在一定的问题。Ono 等 (2013) 基于日本的紧急信用担保 (Emergency Credit Guarantee, ECG) 进行了研究，发现虽然 ECG 显著提高了相关企业的贷款可得性，但主银行可能会用 ECG 贷款代替非 ECG 贷款，在一定程度上抵消了 ECG 的政策融资效应。此外，信用担保体系下的贷款违约率也引起了关注。一般而言，新建企业的违约率偏高，并且，信用担保机构的风险承担比例越大，银行越有可能放松对企业的监督，这将

[①] Cowling M. The Role of Loan Guarantee Schemes in Alleviating Credit Rationing in the UK [J]. Journal of Financial Stability, 2010, 6 (1): 36-44.

导致贷款违约率的上升,该现象在美国、日本等国家均存在①②。

借鉴国外的先进经验,应加大政府出资在中国中小企业信用担保体系中的比例,同时做好信用担保贷款的风险控制工作。

---

① Glennon D, Nigro P. An Analysis of SBA Loan Defaults by Maturity Structure [J]. Journal of Financial Services Research, 2005, 28 (1-3): 77-111.

② Uesugi I, Sakai K, Yamashiro G M. The Effectiveness of Public Credit Guarantees in the Japanese Loan Market [J]. Journal of the Japanese and International Economies, 2010, 24 (4): 457-480.

第四章 金融科技与互联网金融

第一节 金融科技与互联网金融的定义

在理解金融科技（FinTech）与互联网金融（ITFIN）之前，首先应了解到，这两个概念是在实践的基础上归纳总结得来的。在金融科技这一概念被提出之前，互联网金融模式已经走入了人们的视线。随着大数据、云计算、人工智能等互联网技术被应用于金融领域，一些新的互联网金融模式出现，如移动支付、P2P网络借贷、众筹等。因此，通俗来讲，互联网金融即为互联网技术与金融的结合。谢平等（2012）最早提出了互联网金融的概念，并对其进行了定义。谢平等（2014）进一步提出，互联网金融是指互联网技术和精神的影响下的传统银行、证券等金融中介和金融市场，以及无金融中介与金融市场的所有金融交易和组织形式。中国人民银行在《中国金融稳定报告（2014）》中将互联网金融定义为"金融借助互联网和移动通信技术实现资金融通、支付和信息中介功能的新型金融模式"。

事实上，互联网金融起步较早，最早可追溯到网络银行与手机银行。在中国,随着支付宝的普及,互联网金融异军突起,成为改变传统金融业的重要力量,2013年也成为中国互联网金融元年。

那么,金融科技又是如何产生的呢?金融科技这一概念最早于2011年被提出。但目前,业界和学术界对金融科技缺乏统一定义,甚至将其与互联网金融产生混淆。金融稳定理事会(FSB)将金融科技定义为技术带来的金融创新,不仅包括新的金融模式、业务、流程与产品,还包括相关的前端产业和后台技术。值得注意的是,该定义未对技术范围进行明确界定,而实际上,自从2011年被提出以来,金融科技主要指代大数据、人工智能等前沿信息与计算机技术在金融领域的应用。由金融科技与互联网金融的定义可知,两者之间虽然有重合之处,但强调的重点仍有所不同。具体而言,金融科技与互联网金融都包括大数据、云计算、区块链等前沿互联网技术与金融的结合。但金融科技的范畴更广,未来可能会有更多的非互联网技术被应用于金融领域。在强调的重点方面,互联网金融更关注互联网的技术、思维和精神对金融交易和金融市场带来的改变,而金融科技更强调新技术在金融领域中的应用。

第二节 金融科技、互联网金融与小微企业融资

一、互联网金融与普惠金融

自诞生以来,互联网金融就与普惠金融紧密结合在一起,P2P网络借贷、众筹等互联网金融模式,提高了小微企业、中低收入阶层、农户等"长尾人群"的金融可及性。

在传统金融业下,商业银行出于自身组织结构等方面的原因,在向小微企业、农户贷款中表现不佳。大量的小微企业、中低收入阶层和农户由于得不到金

融服务，沦为"长尾人群"。然而小额贷款公司、村镇银行等普惠性金融机构由于覆盖面不足、金融资源有限，无法满足这些"长尾人群"的金融需求。因此，实现金融普惠，一直是我国金融改革和发展的重要目标。

国内普惠金融一词源于2005年联合国在宣传小额贷款年时所提出的"普惠金融体系"（Inclusive Financial System），其含义为，一个持续的，能有效、全方位为社会各个阶层和群体提供服务的金融体系。联合国《建设普惠金融体系》一书对该体系进行了进一步说明。具体来讲，普惠金融体系需要满足四个特征：第一，所有层次的金融需求者都能通过支付合理的价格获得金融服务，不只是银行贷款和储蓄业务，还应包括保险、理财、转账、支付等。第二，拥有健全的金融机构、规范的行业标准和市场监督机制，金融机构具有严密的内控机制，同时能够接受市场监督。第三，金融机构具有盈利性，从而保证了金融服务的可持续性。第四，金融服务的提供者需要保持多层面和竞争性，能够满足多样化的金融需求。

在国内方面，焦瑾璞和陈瑾（2009）提出，建设中国普惠金融体系的基本出发点和最终检验标准，是让所有人都平等地享受金融服务。由普惠金融的定义可知，仅依靠政府的扶持政策和政策性金融机构无法实现普惠金融。政策性金融不以营利为目的，往往不具备财务上的可持续性。因此，要发展普惠金融，必须要从商业性金融机构入手，改善银行等传统金融机构对长尾客户的金融服务能力，发展新型金融机构在服务长尾客户中的优势。

互联网金融的兴起给金融业带来了机遇和挑战，也为普惠金融的发展提供了契机。关于互联网金融对传统金融的影响，存在两种观点：一种观点认为，互联网仅仅是金融交易与服务的一种新方式[1]，互联网金融是将互联网技术应用到金融领域后，金融活动的普及和延伸，并没有从根本上改变金融模式[2]。然而另一

---

[1] Allen F, Mcandrews J, Strahan P. E-Finance: An Introduction [J]. Journal of Financial Services Research, 2002, 22 (1-2): 5-27.

[2] 王念，王海军. "中国式"互联网金融：技术基础与基本模式 [J]. 西南金融, 2014 (6): 43-46.

种观点则认为，互联网金融颠覆了原有金融模式，是一种新型的金融模式①。由此可知，互联网金融不仅促进了传统金融机构对金融产品和服务的创新，如商业银行的互联网贷款产品，还带来了包括网络银行和P2P平台在内的新的金融机构和金融模式。

这些金融产品和服务的创新、新型金融机构和金融模式的出现，极大地推动了普惠金融的发展。一方面，互联网金融具有成本低、覆盖范围广、服务效率高等优势，与小微企业、农户等群体的金融服务相契合。首先，互联网金融能够以低成本获得海量数据，并依托大数据、云计算等技术对数据进行处理，降低了私人信息的生产、传递和处理成本，克服了小微企业与低收入阶层硬信息不足、软信息获取成本高等问题，使其贷款现状得到了改善。其次，随着信息通信技术在农村的普及，金融服务的覆盖范围被拓宽，农户等群体可以通过网络银行、手机银行、移动支付、P2P网络借贷等互联网产品和平台，享受储蓄、贷款、支付、转账、理财等金融服务，金融可及性大大提高。最后，在互联网金融模式下，大量的人工操作被计算机所取代，在提高金融机构服务效率的同时，减少了操作风险。另一方面，新型金融机构和金融模式所带来的竞争压力，以及互联网金融技术的引入，刺激了银行等传统金融机构的业务创新。对于银行而言，以电子银行代替物理网点，既突破了物理网点的限制，扩大了服务覆盖面，又降低了经营成本，并且，将大数据、云计算、区块链等技术应用于信息处理和传递，减轻了银行与企业之间的信息不对称，降低了银行对小微企业的贷款成本。

二、金融科技与小微企业融资

金融科技被视为解决小微企业"融资难"问题的重要手段。2018年末，中国人民银行会同中华人民共和国国家发展和改革委员会等部门，在北京、上海、广东等10个省市启动了金融科技应用试点，力图通过金融科技的应用，缓解民

---

① 参见中国人民银行金融稳定分析小组编的《中国金融稳定报告（2014）》。

营小微企业的"贷款难"问题。中国人民银行在《金融科技（FinTech）发展规划（2019-2021年）》中指出："金融科技成为促进普惠金融发展的新机遇。运用金融科技手段实现滴灌式精准扶持，缓解小微企业融资难融资贵、金融支农力度需要加大等问题。"该文件还提到，优化企业信贷融资服务是金融科技的重要任务。为了优化对小微企业的贷款服务，要运用人工智能、移动互联网、大数据、云计算等科技成果完善小微企业贷款流程和信用评分模型，基于海量数据处理和智能审计等技术分析企业信用水平，及时识别信用风险。由该文件可知，在小微企业贷款领域，金融科技与互联网金融技术高度重合。因此，互联网金融对小微企业融资的影响，在很大程度上反映了金融科技的融资服务功能。

三、金融科技背景下小微企业贷款现状

互联网金融通过信息化技术与数字金融产品等技术和产品，推动了普惠金融的发展。在此背景下，北京大学互联网金融研究中心课题组利用蚂蚁金服数字普惠金融的相关数据，编制了《北京大学数字普惠金融指数》，以衡量互联网金融影响下普惠金融的发展现状。该指数涵盖了支付、保险、货币基金、征信、投资、信贷等金融服务领域。本部分将重点分析数字普惠金融在信贷领域的发展。由于金融科技与互联网金融技术的高度重合性，该指数也在较大程度上反映了金融科技对信贷的影响。

表4-1汇报了2011~2018年我国数字普惠金融的总体发展情况。从中可以看到，2011年，我国数字普惠金融仍处于比较落后的状态，经过两年迅速发展，数字普惠金融水平大幅提升，其覆盖广度和使用深度均提高了250%以上。但是，值得注意的是，信贷方面的数字普惠金融指数增长较为缓慢，且在2013年和2014年出现了下降。由指标编制方法可知，信贷业务指标主要涵盖了个人的互联网消费贷款和小微企业经营贷款两部分，涉及用户数、贷款笔数、贷款金额等方面。因此，该指标的下降和缓慢发展意味着互联网金融在提高小微企业和个人贷款可得性方面的运用还有待强化。此外，数字支持服务指标涉及了小微企业

的贷款利率,该指标也呈现了大幅上升的趋势,这表明互联网金融的发展显著降低了小微企业和个人贷款的成本。

表4-1 2011~2018年中国数字普惠金融发展情况

年份	总指数	覆盖广度	使用深度	信贷	数字支持服务
2011	40.00	34.28	46.93	46.90	46.32
2012	99.69	80.43	116.50	97.68	132.72
2013	155.35	120.63	172.70	85.50	238.46
2014	179.75	169.90	154.07	83.66	258.95
2015	220.01	191.11	173.66	132.96	399.64
2016	230.41	208.44	215.27	148.46	330.50
2017	271.98	245.79	293.69	176.00	319.01
2018	300.21	281.92	287.50	178.38	383.70

注:对各省份数值取均值。

资料来源:《北京大学数字普惠金融指数》。

图4-1和图4-2分别展示了2011年和2018年不同省份数字普惠金融的发展情况。通过对不同省份的比较,可以发现,各省份数字普惠金融发展水平存在显著差异。通过对两图的对比,能够清晰地发现,从2011年到2018年,我国数字普惠金融的区域性差异有所降低。2011年,总指数及覆盖广度和使用深度指数在各省之间存在较大波动,说明当时各省份数字普惠金融发展水平差距较大。经过7年的发展,到2018年,各省份的数字普惠金融都获得了较好的发展,折线的波动范围变小。总体来讲,北京、上海、浙江、广东等省份的互联网金融起步较早,且发展水平较高。

在小微企业和个人贷款方面,各省份数字普惠金融发展的差异也在逐渐下降。图4-3刻画了2011~2018年不同省份的信贷使用指数①。首先,通过对不同年份的比较,可以发现,随着互联网金融的深化,小微企业和个人的贷款现状获得了进一步改善。其次,通过对不同省份的比较,可以发现,在运用互联网

---

① 具体数值见附录附表1。

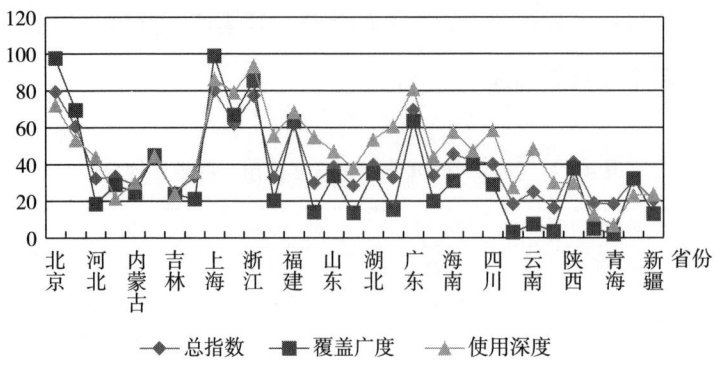

图 4-1　2011 年各省份数字普惠金融总体发展情况

资料来源:《北京大学数字普惠金融指数》(第一期,2011~2015 年)。

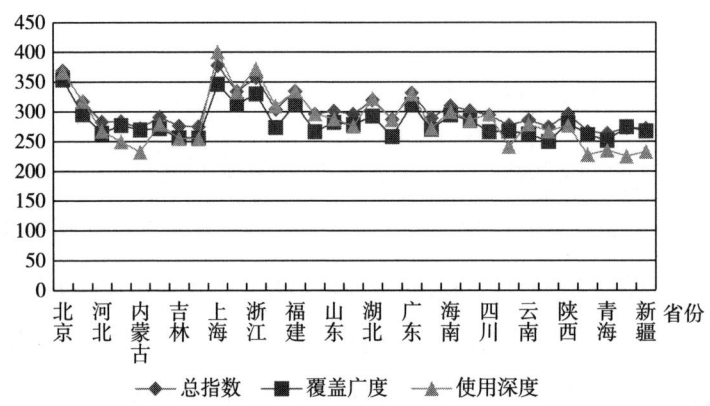

图 4-2　2018 年各省份数字普惠金融总体发展情况

资料来源:《北京大学数字普惠金融指数》(第二期,2011~2018 年)。

金融解决小微企业和个人贷款问题方面,各省份存在显著差异,北京、上海、浙江、广东、福建等省份表现较为突出。此外,随着互联网金融的进一步发展,各省份之间的差异在逐渐缩小。

综上所述,大数据、云计算等信息技术在提高小微企业贷款可得性、降低其贷款成本等方面发挥了重要作用。未来应继续发扬金融科技和互联网金融在小微

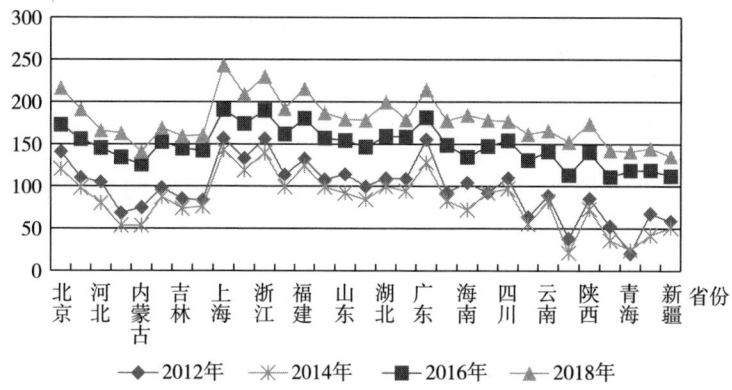

图 4-3　2012~2018 年各省份信贷使用指数

资料来源:《北京大学数字普惠金融指数》(第二期,2011~2018 年)。

企业融资方面的优势,在此基础上降低金融的地域发展不平衡,提高普惠金融发展水平。

第三节　金融科技时代下的新型金融模式

一、互联网金融模式

支付、信息处理和资源配置是互联网金融的三大支柱,根据各种互联网形态在这三方面的表现,谢平等(2014)将其划分为金融互联网化、移动支付与第三方支付、数字货币、P2P 网络借贷、众筹融资、基于大数据征信和网络贷款六种类型。这六种互联网金融模式和产品也直接体现了金融科技时代下的金融创新,下面本书将分别对这六种新型金融模式和产品进行说明。

(一)金融互联网化

金融互联网化是指以互联网的线上服务代替传统金融机构物理网点和人工服

务,主要包括商业银行的网络银行、手机银行业务,以及金融产品的网络销售等,其实质是利用信息通信技术实现服务从线下到线上的转移。金融互联网化使金融服务突破了空间的限制,在物理网点分布较少的地区,居民对金融产品和金融服务的需求得到了满足。但是,也应关注到,金融互联网化也存在着潜在风险。随着金融互联网化的深入,出现了一批金融产品的网络销售平台,如支付宝、微信理财通等,投资者能够以更为便捷的方式进行投资、理财。但是,目前大部分居民的金融素养还有待提高,没有能力根据自身风险承受能力从众多理财产品进行选择,可能会出现风险超出可承担范围的现象。

表4-2报告了保险、货币基金、投资等互联网金融服务的发展走势。由保险服务数据可知,从2011年到2013年,通过支付宝购买保险产品的用户数量急剧增加,为互联网金融的服务能力提供了有力证明。由货币基金使用指数可知,从2013年6月被推出以来,余额宝就吸引了大量投资,但是随着市场利率的下降,公众对余额宝的投资逐渐减少。在互联网投资服务方面,2017年通过支付宝平台参与投资理财的人数大幅增加。截至2017年6月,购买互联网理财产品的网民数量约为1.26亿,较2016年底增加了2724万人[①]。由上述分析可知,互联网金融在为个人提供保险、货币市场基金、投资理财等金融产品和服务方面均有较好的比较,并且,通过进一步比较,可以发现,在三类互联网金融服务中,互联网保险服务的发展更为成熟。

表4-2 2011~2018年保险、货币基金、投资等互联网金融服务的发展情况统计

年份	2011	2012	2013	2014	2015	2016	2017	2018
保险	47.12	174.22	457.13	505.53	386.82	507.95	625.30	644.11
货币基金	—	—	35.60	142.73	173.16	214.43	236.46	189.30
投资	—	—	—	41.84	151.88	134.54	285.69	253.41

资料来源:《北京大学数字普惠金融指数》(第二期,2011~2018)。

---

① 资料来源:《第40次中国互联网络发展状况统计报告》,值得注意的是,该数据还包括了P2P网贷投资。

(二) 移动支付与第三方支付

移动支付与第三方支付主要体现了互联网技术对支付方式的改变,典型的案例有美国的 PayPal,国内的支付宝、微信支付、云闪付等。目前,中国是移动支付最为发达的国家。截至 2017 年 6 月,我国使用网上支付的用户规模达到 5.11 亿人次,其中,手机支付用户的规模增长迅速,达到 5.02 亿人次[①]。根据《北京大学数字普惠金融指数》(见表 4 - 3),2011 ~ 2018 年,移动支付与第三方支付的社会普及度大幅提升。

表 4 - 3　2011 ~ 2018 年移动支付与第三方支付发展情况统计

年份	2011	2012	2013	2014	2015	2016	2017	2018
支付业务使用深度	46.54	69.55	96.83	146.40	187.41	232.61	245.80	260.86

注:表格内数值为各省份支付指数的平均值。

资料来源:《北京大学数字普惠金融指数》(第二期,2011 ~ 2018 年)。

支付方式的改变不仅对人的生活产生了直接影响,降低了人们对现金的需求,还提高了货币流通速度,影响到整个社会的经济运行。

(三) 数字货币

数字货币体现了区块链技术在金融领域的应用,是货币形态的改变,以比特币、以太币等虚拟货币为代表。

数字货币的优点主要体现为:提高交易效率、降低风险、优化支付、智能可追溯、普惠金融。目前,中国率先推出中国人民银行数字货币,这将为数字货币的发展提供良好的市场环境与政策支持,更好地发挥数字货币在普惠金融中的作用。

(四) P2P 网络借贷

P2P (Peer - to - Peer) 网络借贷是在互联网平台上进行的个人对个人的贷款,是一种直接融资方式。最早的P2P平台是英国的Zopa,于2005年3月成立。

---

① 资料来源:《第 40 次中国互联网络发展状况统计报告》。

目前比较知名的 P2P 平台有美国的 Lending Club，中国的上海陆家嘴国际金融资产交易市场股份有限公司（已剥离 P2P 业务）、人人贷、拍拍贷等。P2P 网络借贷是一种小额贷款，对借款人和投资者的门槛要求较低，贷款风险较高。本书将在第五章对 P2P 网络借贷的贷款机制和技术进行详细分析。

（五）众筹融资

众筹融资（Crowd Funding）是将股权融资网络化。具体而言，待创业者在众筹平台发布筹资项目，投资者根据项目相关信息决定是否投资。在设定的天数内，若所筹资金达到目标金额，则筹资成功，发起人可获得资金；若筹资失败，则退还已筹资金。项目筹资成功之后，项目发起人将所筹资金用于创业，并将所得收益用于支付投资者报酬。与一般股权融资不同，众筹融资对融资者的门槛较低，筹资方向具有多样性。

（六）基于大数据征信和网络贷款

具有电商背景的互联网金融企业，如蚂蚁金融服务集团、京东金融，在数据获取方面拥有先天性优势，能够自动获取客户在电商平台上的行为数据，并在此基础上构建征信系统。此类企业能够利用征信系统中的大数据对借款人进行信用评估，并以此为依据发放贷款，克服了传统商业银行信息缺失，软信息生产成本较高的弊端。

二、其他金融创新

除以上六种互联网金融模式和产品之外，随着物联网、人工智能等前沿科技与金融的结合，物联网金融（IotFin）、金融服务 AI 化等新的金融产品和模式也随之出现。

（一）物联网金融

"物联网"这一概念最早于 1999 年被提出。随着物联网与金融的不断融合，一种新的金融模式——物联网金融应运而生。物联网本质上是将所有物品通过射频识别（RFID）等技术进行智能化识别并与互联网相连接，实现了对物品的网络化和数字化。物联网金融,就是通过将物联网与金融信息化两种技术有机结合,实现物品信息与金融信息之间的对接,并在此基础上开展相应的金融业务。由上述定义可知,物联网金融产生和发展的前提是物联网与金融的融合①。一方面,物联网技术被运用到手机支付、动产监控等金融领域,提高了金融服务效率;另一方面,金融服务嵌入到商品交易中,产生了供应链金融等融资方式,进一步刺激了物联网的发展。此外,还应注意到,物联网金融需要以大数据和互联网为支撑。

物联网金融的发展将在提高金融服务效率的同时,实现对金融风险的有效防范。其作用主要体现在以下几个方面:第一,在信息收集方面,物联网技术与金融信息化技术代替了人力劳动,在产生海量数据的同时,也提高了信息质量,降低了信息生产成本,从而有效地解决了信息不对称的问题,有助于推动普惠金融的发展。第二,物联网金融将社会资源整合在一起,形成了高度有效的多方协同合作模式,极大地降低了交易成本。现代供应链金融,是物联网金融的重要体现。物联网将供应链上的设备、系统、商品等进行数字化并将相关数据传输到网络,实现了信息流、资金流和物流的统一,便利了上下游企业、金融机构、物流企业之间的业务合作,降低了各项交易成本。第三,依据物品信息和金融信息,金融机构能够对风险进行有效管理。例如,在现代供应链金融中,银行与供应链上企业可获得关于产品库存、销售、货物运输、资金结算、应收账款等方面的信息,有助于加强对抵质押物、货物的管理,降低信用风险和商业风险。然而在一般贷款中,银行业也可以使用物联网技术监控借款企业的采购、生产、加工、销售等过程,根据真实的、实时的生产场景数据信息进行贷前甄别和贷后监督,以防范信用风险②。第四,物联网金融改变了银行服务模式。银行可以利用物联网设备在生活中的使用提取客户信息,向客户提供智能化服务。

(二)金融服务 AI 化

金融服务 AI 化是将机器学习、知识图谱、自然语言处理、计算机视觉等人

---

① 阙方平. 物联网金融:一场新的金融革命正悄然来临 [J]. 武汉金融, 2015 (1): 21-24.
② 范永霞. 物联网金融概论 [M]. 北京: 中国金融出版社, 2018.

工智能核心技术应用到金融业，以实现金融产品、服务和模式的创新。其中，机器学习（尤其是深度学习）是人工智能的核心技术，是计算机模拟人类学习行为以获取新知识和新技能，并对已有知识结构进行重组，可用于识别信用卡欺诈行为。知识图谱是结构化的语义知识库，基于知识图谱的搜索引擎，能够以图形方式向用户反馈结构化的知识，改变了现有的信息检索方式，实现了真正的语义检索，降低了金融机构的信息检索成本①。自然语言处理是对书面形式或者口头形式的语言进行处理和加工的技术，以一种智能的方式，对各种形式的语言进行系统化分析、理解，并从中提取信息，该技术可用于客服、投顾等金融服务领域。计算机视觉技术是使用计算机及相关设备模拟生物视觉，对目标进行分割、分类、识别、跟踪和判别决策。

目前，人工智能在金融行业的应用还局限于商业银行运用人工智能提供金融服务，主要体现在以下几个方面：第一，中国银行、中国建设银行、中国农业银行等多家银行在网点推出了智慧型服务机器人。第二，计算机视觉技术在自助设备的身份验证和移动支付等环节得到了广泛应用，如人脸识别、身份证识别和二维码识别等。第三，自然语言处理技术被广泛应用于手机银行、自助设备的语音识别以及大块文本处理等环节。第四，机器学习等技术的应用使银行智能投顾业务也获得了一定的发展，浦发银行最早推出智能投顾服务"财智机器人"，此后，招商银行、兴业银行、光大银行、广发银行等银行也纷纷推出了相关产品和服务。综上所述，目前金融服务 AI 化进程仍停滞在将知识图谱、自然语言处理、计算机视觉等技术用于信息检索、信息处理等后台操作，以及为手机银行、网络银行、移动支付、自助化服务等金融服务提供技术支持，并未突破现有金融服务模式。未来，随着机器学习技术的深入应用，人工智能在金融业的应用将进一步拓宽，可能会造成对现有金融模式的颠覆。

---

① 刘峤，李杨，段宏，等. 知识图谱构建技术综述 [J]. 计算机研究与发展，2016，53（3）：582–600.

第五章 P2P 网络借贷

第一节 P2P 网络借贷的产生与发展

P2P 网络借贷是一种个人对个人的直接融资方式。关于 P2P 的起源，钱金叶和杨飞（2012）指出，P2P 最早源于亲朋好友之间的个人互助借贷，随着互联网技术的快速发展应运而生，本质上是一种民间借贷。谢平和邹传伟（2012）也认为互联网技术打破了熟人借贷对借贷双方的约束，通过平台服务将借贷活动扩展到在陌生人之间进行，由此形成了 P2P 网络借贷。也有研究运用金融排斥、金融配给和金融创新等理论对 P2P 网络借贷产生的根源进行了解释。

P2P 网络借贷这种互联网借贷模式摆脱了信用中介对融资的限制，实现了借贷双方之间的直接融资。在 P2P 网络借贷中，投资者即为贷款人，投标金额即为出借人的贷款金额。基本的借款流程为：首先，借款人向平台或其线下合作机构提交借款申请，注明借款原因、金额和期限等借款相关信息，同时提供个人信用报告、身份证、房产证等平台规定的相关资料；其次，P2P 平台及其合作机构对借款订单进行审核，并对借款人进行信用评分；最后，通过审核的订单将被发布在平台上，投资者可以根据订单信息、借款人的信用评分以及其他信息做出贷款决策，决定是否参与竞标并确定具体的投标金额等。

中国的第一家P2P网络借贷平台——拍拍贷于2007年成立。2007年至今，P2P网络借贷经历了起步、快速扩张、扩张与风险并存、危机与整顿并行四个阶段。

2007~2011年是P2P网络借贷的起步期。截至2011年底，我国P2P网贷平台仅50家，月平均成交额7亿元①。在该阶段，P2P网络借贷发展以借鉴国外网贷模式为主。

2012~2013年是P2P网络借贷的快速扩张期。随着人们对互联网金融需求的上涨，民间资本流入P2P网贷行业，导致了P2P网贷平台的数量激增，其成交额和参与人数均出现了大幅增加。截至2013年底，P2P网贷平台数量增加到523家，月交易额约75亿元。然而，由于脱离信息中介的初衷以及缺乏风险管理经验等，潜在的风险也逐渐累积。

于是，从2013年下半年开始，P2P网络借贷进入了扩张与风险并存的发展阶段。从2013年下半年开始，部分平台陷入了提现危机，仅2013年10~11月，就有50多家平台倒闭，涉及投资人上万，总资金达15亿左右。2013年11月25日，中国人民银行将理财—资金池模式、不合格借款人导致的非法集资、庞氏骗局三类P2P网络借贷划归为涉嫌非法集资。

2014年至今，P2P网络借贷进入了风险爆发与行业整顿期。一方面，在这一期间，P2P网络借贷的潜在风险大规模爆发，出现了大量的问题平台。截至2018年底，共有2841家平台进入停业转型，其他问题平台数量也高达2697家，正常运营的网贷平台仅有1082家②。另一方面，相关部门开始了对P2P网络借贷的整顿。2015年7月，国务院发布了《关于促进互联网金融健康发展的指导意见》，首次明确了中华人民共和国国务院与中国银行业监督管理委员会对P2P网络借贷的监管职责。2016年4月，互联网金融风险专项整治工作领导小组成立，启动了

---

① 数据来自网贷天眼。
② 数据来自网贷之家。

对包括P2P网络借贷在内的互联网金融领域为期一年的专项整治工作。2016年8月,中国银行业监督管理委员会发布了《网络借贷信息中介机构业务活动管理暂行办法》,该文件明确了P2P网络借贷的定义,并对平台的业务规则、信息披露和风险管理等方面提出了规定。之后,又先后出台了《P2P网络借贷风险专项整治工作实施方案》《网络借贷资金存管业务指引》《网络借贷信息中介机构业务活动信息披露指引》等文件。在统一领导下,地方相关监管部门开始了对本省市P2P网络借贷的清理整顿。2018年7月9日,专项整治工作领导小组将对P2P网络借贷领域的清理整顿工作延长到2019年6月。随着整顿工作告一段落,P2P网贷行业也基本恢复稳定。

图5-1描述了2017年1月至2019年8月网贷平台数量变化趋势①。从中可以看到,累积停业转型与累计问题平台数量呈递增趋势,在新增平台有限的情况下,可正常运营的P2P平台大幅减少。在新增平台方面,2017年新增了405家网贷平台,2018年8月之后,再无新增平台。目前,正常营业的网贷平台已不足800家。

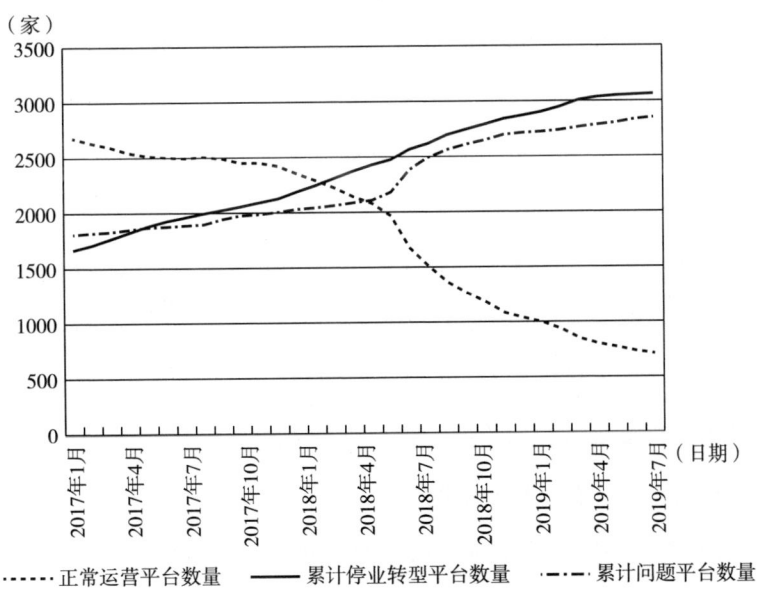

图5-1 2017年1月至2019年8月P2P网贷平台数量变化

---

① 数据来自网贷之家。

第二节　P2P 网络借贷平台的运行模式和产品

一、P2P 网络借贷平台的运营模式

根据经营目标，P2P 平台可分为营利型和非营利型，前者又包括单纯中介型 P2P 平台和复合中介型 P2P 平台①。其中，非营利型 P2P 平台不以营利为目的，Kiva 是典型的非营利型平台。单纯中介型 P2P 平台是指平台在借贷过程中仅充当信用中介，促进借贷双方的信息交流，但不介入双方的交易。然而复合中介型的 P2P 平台在提供借贷双方信息之外，作为监督者，还要承担检查借款手续合法性、完备性，以及督促监督借款人及时还款等责任②。辛宪等（2009）对于 Prosper、Kiva、Zopa、Lending Club 等几个比较有代表性的国外 P2P 借贷平台，以及拍拍贷、宜信、宜农贷等国内的 P2P 平台进行了介绍。尤瑞章和张晓霞（2010）比较了国内外 P2P 平台的区别，并在此基础上分析了我国 P2P 网络借贷发展相对落后的原因。

P2P 平台的运营模式可分为纯粹的线上模式以及线上与线下相结合的模式。其中，纯粹的线上模式，是指平台作为信息中介，对借款人的信息进行审核并将其发布在平台上，促进借贷双方之间的信息交流，而不引入线下合作机构。在这种运营模式下，贷款从申请到收回，整个借贷流程都在 P2P 平台上完成。因此，这种纯线上运营模式具有交易成本低的优势，但也存在着信息不足的弊端。具体来说，一方面，P2P 平台上的借款人多数是无法通过银行贷款获得资金支持的微

---

①　辛宪. P2P 运营模式探微［J］. 商场现代化，2009（21）：19-22.
②　尤瑞章，张晓霞. P2P 在线借贷的中外比较分析——兼论对我国的启示［J］. 金融发展评论，2010（3）：97-105.

型企业、个体业主或个人,这些借款人很难提供规范性的财务报表。另一方面,目前我国缺乏规范性的个人征信体系,而 P2P 平台自身的信息生产与积累能力也有限。在这种情况下,出借人所能观测到的信息仅限于借款人在线上提交的资料,包括借款人性别、年龄、收入等个人基本信息,个人简介,以及平台对借款人的信用评级等,这就导致了借贷双方之间信息高度不对称。在严重的信息不对称条件下,出借人面临较大的信用风险,缺乏贷款积极性,P2P 平台很难得到进一步发展。为了缓解贷款中的信息不对称,吸引更多投资者参与,线上与线下相结合的模式逐渐发展起来。平台通过与线下机构的合作,借用其在各地区的门店,对借款申请人进行实地考察,弥补了纯线上模式在信息生产和风险管理方面的不足。与线下相结合的运营模式实际上反映了 P2P 网络借贷平台的异化。彭冰(2014)对国内 P2P 网贷平台的异化进行了总结,其中的一个重要体现即实行"线下搜寻、线上借贷"。

根据有无担保,又可以将 P2P 网贷平台分为无担保模式与有担保模式。此处所提到的担保是指平台或第三方向出借人提供本金或本息保障承诺,当贷款发生逾期或坏账时,出借人能够收回其贷款本金或本息。其担保资金主要来自于第三方融资担保机构和平台的风险准备金。所谓风险准备金,最初是由网贷借款人按照历史违约情况在平台上留存一定比例的资金,作为对借款的保证。在无担保模式下,贷款的违约风险将完全由出借人承担,平台不提供任何本金或本息保障。因 P2P 网络借贷中借款人往往具有较高的信用风险,为了提高出借者的贷款意愿,平台往往会采用有担保模式。为投资者的本金提供担保,以吸引投资者加入,是国内 P2P 网贷平台的异化的另一个体现。

根据担保方式和担保资金来源,担保模式的网贷平台又可细分为担保公司担保模式、风险准备金担保模式、抵押担保模式、保险公司担保模式四种。其中,担保公司担保模式是指在 P2P 网络借贷中引入一般担保机构或融资性担保机构,当借款人违约时,由担保机构代为支付本金和利息,宜人贷等平台采取了这种担保方式。理论上,该模式有助于发挥融资性担保机构在资金规模、监督和追偿能力等方面的优势,有效控制贷款风险。但是,P2P 网贷平台所引入的融资担保机构往往与平台同属一家企业,无法发挥实质上的融资担保作用。目前,浙江等省份已对融资担保机构参与 P2P 网络借贷的情况进行了规范①。风险准备金担保模式指的是 P2P 网贷平台建立一个资金账户,当借贷出现逾期或违约时,网贷平台会用资金账户里的资金来归还投资人的资金,以此来保护投资人利益。

风险准备金担保模式曾一度是业内的主流模式,超过一半的 P2P 网贷平台采用了这一模式,甚至一些 P2P 网贷平台将其作为主要的安全保障方式。关于风险准备金的计提,存在四种计提方法:第一种方法是从网贷平台出借人的利息收益中按比例提取。若线上出借人接受该条款,则可以在所投标的出现违约时获取垫付资金,垫付金额以风险准备金账户中的金额为限;否则将由出借人自担风险。网贷平台将所收取的风险准备金存入专门的账户,由商业银行代为存管,银行定期出具存管报告,披露该账户的余额、入账和出账明细。采用这一模式的平台有宜人贷。第二种方法是从网贷平台的服务收入中按比例提取。第三种方法是从网贷平台的利润中计提,如红岭创投。第四种方法是由网贷平台或其合作机构提供资金,红岭创投的流动性备付金制度就采用了这种方法。风险准备金担保模式无法降低出借人面临的违约风险,其原因主要有两个:首先,由于没有将风险准备金与平台资金进行隔离,有可能出现风险准备金被平台挪用的问题。其次,由于计提比例有限,风险准备金的资金规模有限,当出现大规模违约时,风险准备金不足以偿还全部违约贷款。2016 年 8 月出台的《网络借贷信息中介机构业务活动管理暂行办法》明令禁止了平台为自身提供担保的风险准备金。

抵押担保模式与银行抵押担保贷款类似,是由借款人提供房产、汽车等作为抵押品,出现贷款违约时,平台和出借人有权通过拍卖抵押物收回贷款。由于大多数借款人难以满足该抵押要求,因此,抵押担保模式的应用比较有限,并且,网贷平台缺乏对抵押物的管理经验,可能会存在抵押物失效的现象。

---

① 浙江省经济和信息化委员会已于 2013 年 12 月初下发《关于加强融资性担保公司参与 P2P 网贷平台相关业务监管的通知》。

保险公司担保模式是指保险公司通过向投资者提供资产安全保障保险、为平台提供保险产品或为信用贷款提供信用保证保险等方式，向出借人或平台提供担保。这种担保模式也存在局限性。保险的原则是运用大数法则分散风险，适合借款人多，且行业、地域分布较为广泛的情形。然而，对于大部分 P2P 网贷平台来说，平台上的借款人数量偏少，且大多是无法从正规金融获得贷款的人群，信用风险偏高，因此，保险公司不愿意为其提供保险服务。

二、P2P 网络借贷平台的资金存管模式

在 P2P 网贷平台的发展过程中，主要出现了四种资金存管模式①：

第一种资金存管模式是由第三方支付机构为 P2P 网贷平台开设一个大账户，资金由平台自由划转，平台将出借人的资金存入该账户，并记录交易信息。这种资金存管模式存在信息不透明、缺乏第三方监管等弊端，可能会出现平台挪用出借人资金的行为。

第二种资金存管模式在前一种资金存管模式的基础上进行了调整，资金流转不经过平台，由第三方支付机构负责资金划转。具体来讲，第三方支付机构为平台用户分别开设独立支付账户，用户向网贷平台发出指令后，网贷平台将指令传递给第三方支付机构，再由第三方支付机构实现资金的划转。这种资金存管模式在一定程度上减少了平台对客户资金的挪用。但是，由于第三方支付机构无法确定交易指令的真实性，仍无法避免平台的资金挪用行为。

第三种资金存管模式为第三方支付机构与银行联合对资金进行存管。具体而言，第三方支付机构为平台开设一个支付大账户，并将该账户交由银行存管。支付账户上的交易信息由银行进行记录，并由银行核对。这种模式存在与第一种模式相同的问题，即银行与第三方支付机构只能获取大账户交易信息，无法对用户的交易明细进行监管，也会导致资金挪用。

---

① 网贷平台资金存管的四大模式 [EB/OL]. [2017 - 04 - 19]. https://www.renrendai.com/college/wiki? id = 58f73dd445600e2a752f6804.

第四种是以银行为主导的资金存管模式，即网贷平台在银行设立专属存管账户，并在该账户下为平台客户设立一对一子账户。客户进行充值、提现、投资等交易时会直接跳转到银行支付界面，客户输入交易密码后完成交易。银行对账户交易信息进行记录，从而监督资金流向。该模式的优势在于：一是实现了客户资金与平台资金的隔离；二是银行可通过对客户身份证、银行卡的验证，确保客户子账户的真实性；三是交易密码的设定保证了交易的真实性；四是资金划转由银行负责，避免了平台对资金的挪用。

三、P2P 网络借贷平台的产品与服务类型

P2P 网络借贷平台主要提供了自动投标服务、散标投资与债权转让产品。

自动投标服务，即平台在出借人授权的前提下，代替投资者进行分散投标、循环出借的行为，其本质是一种理财产品。

散标投资是一般的 P2P 网络借贷产品，即平台发布借款订单及借款人相关信息，由投资者自行决定是否投资，并确定投资额度。

债权转让产品，即先由网贷平台向借款人发放贷款，再将其拆分为多笔债权，转让给投资者。例如，网贷平台向某借款人发放了一笔 100 万元的 1 年期贷款（2018 年 1 月 1 日至 2019 年 1 月 1 日），平台可以将这笔贷款的债权拆分成 5 笔债权转让标，融资额 20 万元，期限 1 个月，连续发行 5 天，到期后循环发标。待 100 万元的贷款偿还后，将其支付给最后一期的投资者。这种债权转让产品的本质，是贷款证券化，是网贷平台将其贷款证券化，出售给平台上的投资者。然而，与一般的证券化产品相比，债权转让产品具有高风险特征。首先，标的资产的风险较大。就债权转让产品而言，其标的资产为网贷平台所发放的贷款，与商业银行相比，网贷平台缺乏风险识别和管理能力，且贷款门槛较低，导致了贷款信用风险偏高。在某些情况下，甚至会出现网贷平台伙同借款企业恶意套取投资者资金的现象。其次，没有特殊目的载体，缺乏风险隔离措施。在贷款证券化过程中，为了实现风险隔离，需要成立专门的特殊目的载体，将贷款所有权从贷款

银行手中转移到特殊目的载体,以避免银行自身经营风险影响到贷款的安全性。然而在债权转让产品中,并没有设立专门的公司,实现对贷款资产的风险隔离。除此之外,缺乏增信手段也是导致债权转让产品风险较高的重要原因。在债权转让产品出售给投资者之前,平台未提供足够的信用担保对贷款进行信用增级,一旦贷款出现违约,其违约风险将直接转移给投资者,给投资者带来损失。最后,平台的贷款期限与债权转让标的投资期限不匹配,平台通过短期负债(出售债权转让产品)融取资金并用其发放更长期限的贷款,随着债权转让产品的到期,平台需要借新还旧以支付投资者本息。一旦贷款环节中断,将会导致资金链崩坏,平台不得不动用自有资金,而平台往往为高杠杆经营,因此资金链的终端将引发产品违约,甚至导致整个平台的倒闭。

第三节　P2P 网络借贷中的借贷双方行为

一、借款成功率的影响因素

在国外研究方面,大量实证研究显示,P2P 借款能否成功受到借款人个人收支情况、信用评级、个人信息披露程度、社会资本等因素的影响。Ryan 等(2007)采用美国 P2P 平台 Prosper 上的借贷数据研究发现,借款人的银行卡验证、个人简介、社会资本信息、信用评分都会影响 P2P 网络借贷的成功率。Herzenstein 等(2008)进一步指出,在众多影响因素中,借款人的信用评级和详细的个人信息披露对借款成功与否的影响最为显著。具体表现在,信用评级越高的借款人越有可能融资成功,借款人对借款原因、个人收入等方面的信息披露越多,成功获得融资的可能性越大,但是,借款人的杠杆率与借款的成功率之间负相关。Michels 也指出对于信用等级较差的借款人来说,增加其个人信息披露有助于减轻借贷双方的信息不对称,从而提高借款成功的可能性,即使披露的信息未得到认证,其融资作用也依然存在。Larrimore 等(2011)认为借款人个人陈述的内容越多,越容易融资成功,并且,其中对于借款人成功经历的描述和"值得信任"等关键词都会提高借款成功率。Klafft(2008)研究发现,借款人已验证的银行账户信息和信用评级在订单成功中具有决定性作用,信用等级越低的借款人,违约风险越高,越不容易借款成功。在 Prosper 平台的全部借款订单中,借款人信用评级为 HR 的订单占比 50% 以上,在这些订单中,仅有 5.5% 的订单成功募集到资金,与之相比,AA 级借款人满标的概率却高达 54%。Puro 等(2010)的研究显示,订单能否成功在很大程度上受到借款人信用评分、逾期情况和总负债偿还比等信用记录的影响。由上述研究可知,在美国 P2P 平台上,出借人的贷款行为总体上是理性的,其贷款决策的依据主要是借款人的信用水平、历史违约情况、个人财务等信息。

此外,也有研究发现,P2P 网络借贷能否成功还会受到种族、性别、年龄等人口特征的影响。Pope 和 Sydnor(2011)发现年龄在 35 岁以下的借款人借款成功的概率最高,其次是年龄介于 35~60 岁的借款人,60 岁及以上的借款人成功借款的概率最低。具体来说,年龄低于 35 岁的借款人借款成功的概率比 35~60 岁的借款人高 0.4%~0.9%。研究还发现,给定信用状况相同,黑人成功获得贷款的概率比白人低 25%~35%;女性借款人比男性借款人更容易借款成功。Herzenstein 等(2008)的研究也证实了种族对于借款成功率的影响,该研究发现,由于黑人借款人报出的初始利率比较低,其借款成功的概率更小。相较于财务信息、个人简介等因素,种族对借款成功与否产生的影响比较小。

在这些可量化信息之外,P2P 平台还会披露借款人的照片、社会关系等信息,作为出借人的决策依据。根据 Lin 等(2009)对 P2P 网络借贷中硬信息的界定,借款人的信用评分、财务信息、人口特征等都属于硬信息的范畴。然而与信用评分、财务指标等定量化信息不同,社会关系、照片等是定性信息,难以被量化,从信息特质的角度来看,应属于软信息的范畴。在 P2P 借贷中,P2P 平台所提供的软信息主要包括社会资本信息和非社会资本信息两类。其中，社会资本是指"能够通过协调的行动来提高经济效益的社会网络、信任和规范"①。以 Prosper 平台为例，用户之间可自由结成群组，并在群组中进行信息共享，成员之间可相互评价。这里的群组即可视为借款人的社会资本。引入群组机制之后，出借人可以通过观测借款人的社会资本信息，弥补硬信息不足的问题。

Ryan 等（2007）的研究证明，来自团队领袖的背书在增加借款人可融资金的同时，使融资率上升 33.8%。Herzenstein 等（2009）也指出，加入亲密团体，有助于提高借款的融资成功率。作为团体成员，借款人可以通过向团体领导人的咨询获得建议，从而提高借款成功的概率。Herrero-Lopez（2009）检验了借款人在 P2P 平台上的社交互动对其借款订单风险评估的作用，发现当借款人的财务信息不充分时，社交互动功能有助于减轻信息不对称，提高借款的成功率。Freedman 和 Jin（2008）、Lin 等（2009）发现在社交网络的监督下，借款人按时还款的可能性提高，因此当借款人在 Prosper 借贷平台上有朋友圈或加入某一群组时，其借款的成功率会提高，并且，Lin 等（2009）进一步研究发现，与其他社会关系相比，校友群对借款人融资的影响更大。在借款人社会资本领域，也有研究指出借贷双方的地理相近性和种族同质性均会提高贷款人的贷款意愿。此外，在长相方面，研究发现，借款人的照片会在一定程度上影响其借款的成功率，长得好看的借款人更有可能成功获得借款。Duarte 等（2012）则发现当借款人看起来更可信时，更容易成功募集到资金，并且，这一现象存在事实依据，长相可靠的借款人违约的可能性确实较低。

国内也对 P2P 网络借贷的借款成功率进行了研究。李悦雷等（2013）以"拍拍贷"为例，考察了影响借款成功率的因素，其结果显示，借款成功率会受到订单类型、借款人的基本信息和社会资本等因素的影响，并且，作者还发现，在 P2P 网络借贷中，投资者行为存在羊群效应。李焰等（2024）考察了借款人

---

① Putnam B R. Social Capital and Public Affairs [J]. Bulletin of the American Academy of Arts and Sciences, 1994, 47 (8).

的描述性信息对借款成功与否的影响，主要得到了以下几个结论：第一，信用评级较低的借款人倾向于提供更多的描述性信息，以弥补信用评级低的不足；第二，借款人的描述性信息越多，越有助于缓解借贷双方的信息不对称，从而提高出借人的贷款意愿，缩短融资时间；第三，描述性信息的内容也会影响出借人的贷款意愿。王会娟和廖理（2014）运用"人人贷"平台上的贷款数据，从信息不对称理论出发，研究了P2P平台的信用认证机制在P2P网络借贷中发挥的作用。具体而言，作者分别考察了借款人信用评级对"借款是否成功"、借款利率和借款投标人数的影响。该研究发现，平台对借款人的信用评级能够缓解借贷双方的信息不对称，降低出借人的信息成本，从而提高订单成功的概率，增加投标人数。因此，借款人的信用等级越高，借款成功的概率越大，投资人数越多，并且，通过进一步比较平台的"线上认证"与线下机构的"实地认证"，可以发现，相较于平台的线上认证方式，线下机构的实地认证方式所产生的信息更为真实、全面，因此，实地认证标的借款成功率更高、利率成本更低、投资人数更多。陈冬宇等（2013）通过实验研究的方法，分析了借款人社会资本、出借人信任程度和出借意愿三者之间的关系。研究指出，结构型社会资本和关系型社会资本都能增加出借者对借款人的信任程度，从而提高其出借意愿，并且，研究还发现，在严重的信息不对称情况下，出借人会更加看重借款人的社会资本，社会资本对其投资意愿的影响也就越大。

二、P2P网络借贷利率的确定

P2P网络借贷的借款利率也会受到借款人的信用评级、人口特征和社会资本等信息的影响。Klafft（2010）研究发现，在P2P网贷平台上，借款利率主要取决于借款人的信用评级和负债情况。由此可知，P2P网络借贷中的利率定价机制与传统银行贷款十分相似。Herzenstein等（2011）指出，借款利率与借款人的信用评级基本上是匹配的，信用评级越低的借款人，需要支付的利率成本越高。然而，出乎意料的是，详细的个人介绍将会导致较高的借款初始利率。此外，他们的研究还发现，借款人的负债情况与房产持有情况对其借款利率的影响在统计上不显著。Pope 和 Sydnor（2011）的研究证明，种族会对借款利率产生一定的影响，在同等信用水平下，黑人支付的借款利率明显高于白人。但是，由于黑人的借款订单存在较高的违约风险，因此，出借人从贷款中所获得的收益反而会较小。此外，性别也会影响借款利率，与男性借款人相比，女性借款人需支付的利率成本更低。Barasinska（2010）分析了 P2P 借贷中出借人性别对投资行为的影响，发现女性投资者具有利他主义倾向，其贷款对象具有高风险特征，收取的贷款利率也更低。

就社会资本对贷款利率的影响而言，Kumar（2007）提出群组成员之间的背书增信能够使借款人以更低的利率获得贷款，并且，当借款人的信用评分较低时，背书对其借款利率的影响将更加显著。Berger 和 Gleisner（2009）指出，群组领袖能有效识别组内成员的风险，因此，群组领袖对组内借款人的个人推荐或投标行为具有信号传递作用，能够减轻逆向选择和道德风险，进而降低借款人的利率成本，并且，所在群组越大，群组的评级越高，其对借款利率的影响越大。Collier 和 Hampshire（2010）则提出所在群组规模越小，借款利率越低，而群组评级对借款利率的影响并不显著。然而，Freedman 和 Jin（2008）、Herzenstein 等（2011）却发现群组领袖的背书或成为团体成员不仅没有降低借款利率，反而导致了利率的上升。在相貌的影响方面，Duarte 等发现借款人长相越值得信任，借款利率就越低。Klafft 却指出借款人长得好看并不会影响其借款利率。

总体来看，信用评级、个人信息、人口特征等硬信息，以及社会资本、长相等软信息都在一定程度上影响着 P2P 网络借贷的成功率和借款成本。该现象表明，在 P2P 网络借贷中，借贷双方的行为基本都是理性的。

三、出借人行为——羊群效应

大量文献表明，在 P2P 网络借贷中，投资者的行为存在羊群效应，即投资者的贷款决策会受到其他投资者贷款行为的影响。羊群效应产生的最主要原因，是借贷双方之间的信息不对称。关于羊群效应在P2P借贷中的具体表现，Krumme和Herrero（2009）提出，先驱投标发生后，订单的融资速度将会随之加快。Ceyhan等（2011）发现，在订单开始、结束以及订单即将完成之时，出借人对单个订单的投标行将更加集中。其原因在于，出借人在进行投标决策时，会考虑到订单满标的可能性、能否在竞标中胜出，以及借款利率三个因素。Lee等（2012）运用韩国最大的P2P平台的借贷数据，证实了羊群效应的存在。该研究还发现，随着投标量的增加，羊群效应会逐渐弱化，即先行投标量对后续投标的边际效应递减。与之类似，Herzenstein等（2011）研究显示，已有投标会刺激投资者的投资行为，并且，以订单满标点为分界，在该点之前，已有投标数量每增加1%，会带来15%的后续投标，而在该点之后，每1%的增加只能使后续投标数量增加5%。作者还发现，竞标中的羊群效应在一定程度上会激励借款人按时还款，这意味着羊群效应对投资者来说是有利的。但是，相反的是，Luo和Lin（2013）的研究指出，羊群效应将会使投资者的收益下降。Zhang和Liu（2012）对P2P借贷中的羊群效应进行了深入分析，分析结果表明，借款人的风险越高，投资者的羊群效应越明显，并且，这种羊群效应是理性的，投资者并不是被动地模仿他人的行为，而是通过主动地观察先行投资者的贷款决策对订单进行信用评估，并根据借款人的公开信息对其推断进行调整。然而，也有研究表明羊群效应存在不利影响。Greiner发现，羊群效应虽然降低了借款人的潜在借款利率，但也减少了满标订单的数量。Shen等（2010）的研究表明，在Prosper平台上，投资者呈现出了一种非理性羊群效应，其投资决策并非依据于投资的风险和收益。

在国内研究方面，一些学者也对出借人行为进行了研究。王会娟（2014）使用"人人贷"数据，考察了P2P网络借贷中投资者的贷款收益。研究发现，按借款标的分类，信用认证标的收益率最高，接下来依次为实地认证标和机构保证标。按投资方式划分，优选理财计划下投资者的收益率要高于散户投资。廖理等（2014）使用"人人贷"的信用认证标借贷数据，考察了投资者的风险识别能力。具体来说，论文探讨了三个问题：第一，非完全市场化的利率是否能够完全体现借款人的风险水平？第二，投资者能否识别利率背后的贷款违约风险？第三，哪些指标体现了投资者的识别能力？实证结果显示，在其他条件相同的情况下，借款利率越高的贷款越有可能发生违约，说明在非完全市场化利率定价机制下，借款利率仍在一定程度上反映了贷款的违约风险。此外，借款人的认证个数、信贷额度等变量也体现了贷款违约风险。研究还发现，在控制了利率因素之后，当借款人的信用风险较高时，投标人数较多，订单完成所需的时间较长，这说明在利率相同的情况下，投资者能够通过观测其他变量，识别贷款的违约风险。在羊群效应方面，廖理等基于"人人贷"借贷数据，对P2P借贷中的羊群效应进行了探讨，并深入分析了其背后的信息发现机制。笔者分别运用投标人数或者投标金额两个指标对订单的市场份额进行了度量，并将订单市场份额作为被解释变量，将订单的已完成进度作为其他投资者投资行为的代理变量，通过考察订单已完成进度对因变量的影响，判断P2P网络借贷中是否存在羊群效应。研究发现，在P2P网络借贷中确实存在羊群效应，订单已完成的进度越高，投标人数和投标金额越多，并且，随着订单完成进度的增加，其带来的羊群效应边际递减，当进度达到一定程度之后，投资者将无法继续从其他投资者的投资行为中获取信息，羊群效应也会逐渐消失。当借款人的信用等级较低时，信息不对称问题比较明显，此时订单完成进度的信息传递效应较强，羊群效应也较显著。

综上所述，P2P网络借贷中的羊群效应得到了多方面论证，但就羊群效应是否理性这一问题，尚未达成一致。

第四节 P2P网络借贷的贷款方式与贷款技术

本小节将以人人贷为例，说明P2P网络借贷的主要贷款方式与贷款技术。人人贷平台成立于2010年，2014年、2015年分别获得互联网AAA级信用企业的称号和"中国网贷评价体系"网贷 AAA 评级,目前,其评级在 P2P 网贷平台中排名第二①。因此,以人人贷平台为例,具有较好的代表性。

一、人人贷平台的用户群与产品类型

发展初期,人人贷采用的是 lending club 式的纯线上运营模式,但鉴于中国的特殊国情,平台逐渐推出了一些"线上+线下"的借贷产品,即从运营模式来看,目前人人贷采用的是线上与线下相结合的模式。与传统金融相比,人人贷平台上借款人和投资者的参与门槛都较低。在借款人方面,人人贷对借款人的要求主要有四个:年龄在 18~65 岁;实际年龄与贷款期限之和不超过 70 岁;有稳定的职业、收入以及按期还本付息的能力;征信良好,无不良记录。只要满足以上要求,借款人均可在平台上申请借款,借款金额最高可达 50 万元(现已降为 10 万元)。目前,平台上的借款人有相当一部分是个体商户或小微企业。然而对投资者来说,人人贷平台的最低投资额可至 50 元。由此可知,P2P 网络借贷不仅能够为长尾人群提供小额信贷,还可以满足人们的日常投资需求。除此之外,相较于银行贷款,P2P 网络借贷还具有流程少、放款快的特点。借款人提交申请后,平台可快速完成审核,最快 1 小时到账。

考虑到借款人信用风险较高,为了保证出借人的资金安全,2012 年以后,人人贷建立了风险准备金制度,根据借款用户的信用等级,从每笔贷款中抽取成交额的 0~5%,为出借人提供本金保障或本息保障。一旦借款人逾期 30 天,风险准备金将被用来先行垫付出借人的本金或本息支出,其贷后管理部门继续针对逾期借款进行催缴,追回的资金将被重新充入风险准备金。然而,风险准备金制度无法实现真正的资金安全,2015 年人人贷的风险准备金总额为 2 亿元左右,虽然高于 5300 万元的逾期总额,但相较 75 亿元的成交金额来说,相当于杯水车薪,一旦出现大规模违约,众多贷款人的权益将无法得到保障。根据《网络借贷

---

① 排名依据为网贷之家制定的平台发展指数,是对 P2P 网络借贷平台综合情况的指标,代表平台综合影响力。

信息中介机构业务活动管理暂行办法》的相关规定，2017年11月30日，人人贷发布《用户利益保障机制调整公告》，取消了风险准备金制度。

就产品来看，人人贷的投资产品包括三个板块：U计划、散标投资和债权转让。其中，U计划与债权转让都不属于借贷产品，不在本小节的研究范围之内。在散标投资中，根据借贷模式，借款订单又可分为信用认证标、实地认证标和机构担保标。信用认证标采用的是一种纯粹的线上借贷模式，平台根据用户提交的信息对借款人的信用资质进行全面审核，通过审核的借款人可在平台上发布借款标的。在这类借款标的中，平台的审核依据主要是借款人提供的各项认证和个人基本信息，以及借款人在中国人民银行系统中的个人征信报告。实地认证标是人人贷与友众信业金融信息服务有限公司（简称为"友信"）、北京好还科技有限公司及其他机构合作推出的一款"线上+线下"的借款产品。与信用认证标的区别在于，实地认证标中，在平台审核之前，友信等合作机构的前端工作人员在各地区的门店负责对借款人进行实地走访和审查，并在贷中、贷后提供后续服务。在实际操作中，借款客户需要先向友信等机构在各地的门店提交借款申请并准备申请资料，经过审核后再由这些合作机构提交给人人贷。由此可知，与信用认证标相比，实地认证标采用的是线上与线下相结合的信用生产方式，经过线下机构的筛选，贷前借贷双方之间的信息不对称得以减轻。同时，友信等机构的贷中与贷后服务也有助于强化对借款人的监督管理，而人人贷和友信等合作机构的双重保障则进一步降低了出借人面临的信用风险。机构担保标在信用认证标的基础上引入了信用担保机构，具体来讲，人人贷的合作机构作为保证人承担连带保证责任，无论借款人能否清偿债务，债权人均有权要求保证人履行保证义务。在用户利益保障机制被取消之前，对于信用认证标，人人贷平台提供了本金保障，而实地认证标和机构担保标则实施了"本金+利息"保障，且机构担保标是由第三方机构提供担保。用户利益保障机制取消后，只有机构担保标有担保机制。在借款标的的类型分布方面，目前人人贷平台上的散标投资绝大部分是实地认证标，几乎已无信用认证标和机构担保标。2017年，实地认证标在全部借款标的中占比高达99.31%，机构担保标占比0.69%，没有信用认证标。该现象意味着P2P借贷仍需以线下信息生产为主，这与传统银行贷款并无本质上的区别，从信息生产方式来看，P2P网络借贷并未真正突破传统银行贷款的框架，实现整个贷款流程的网络化。

早在2015年，信用认证标这种线上借贷模式的不足已经有所展现。根据从人人贷平台所抓取到的订单数据，在全部借款订单中（包括未融资成功的借款订单），信用认证标的订单数量最多，其次是实地认证标，机构担保标的发布数量最少。但由《人人贷2015年年报》数据可知，在交易成功的全部借款订单中，89.28%的订单是实地认证标，其次为机构担保标，占比7.86%，信用认证标的占比最低，仅为2.86%。这一差距表明信用认证标极难获得融资成功。由此可知，无担保+纯线上的借贷模式行不通，由于借款人在网贷平台上所披露的信息有限，若没有线下机构的参与，将无法对借款人信息的真实性进行验证。因此，在P2P网络借贷中，线下机构的参与对于提高借款成功率至关重要。"平台+线下合作机构"借贷模式的优点在于发挥了线下合作机构的信息生产职能，实现了对线上信息的补充和验证。Freedman和Jin（2008）指出，由于借贷双方之间存在信息不对称，在P2P网贷中存在逆向选择问题，即借款人为了获得融资，会选择隐瞒不利于自己的信息。平台对借款人信息的核实有利于减轻这种逆向选择问题。

在信息获取之后，人人贷将根据借款人上传的资料和线下合作机构获取的信息对借款人进行信用评分，根据评分对借款人的信用等级进行划分并确定信用额度。在借贷过程中，平台对借款人信用等级和信用额度的评定成为投资者决策的重要依据，信用等级越高，信用额度越大，意味着借款人的信用质量越好，借款成功率也就越高。实地认证标与机构担保标的借款人信用等级均在A级或A级以上。

二、"人人贷"借款产品的基本特征

在借款产品的期限方面，人人贷平台上的借款订单多为中长期借款，流动性风险和信用风险较高。由2015年的年报数据可知，在已成功融资的订单中，借款期限介于25个月到36个月的订单融资额占比68.03%，期限在1年以内的短期贷款占比尚不足4%。相较之下，2018年，借款期限在25~36个月的订单融资额达到了90%以上。由此可知，人人贷平台的订单借款期限呈现上升趋势。

在借款金额分布方面，人人贷平台践行小额分散原则，2016年以来，平台人均贷款额均在8.5万元以内。2018年，融资额在10万元以上的借款仅占比31.91%，约有45%的借款金额不足5万元。由于P2P网络借贷的借款人多为无法获得银行贷款的个人与私营业主，其偿还能力有效，小额贷款的原则能够将贷款违约风险控制在一定范围之内。

在贷款逾期率方面，2018年年报数据显示，仅有0.67%的订单出现了逾期，涉及的贷款金额占比0.18%。即使在P2P平台爆雷期间，人人贷平台的金额逾期率也控制在1%以内。这一方面反映了平台在信息生产和风险评估方面的能力，另一方面也与平台的银行资金托管模式以及小额分散的原则密不可分。

三、"人人贷"产品的贷款技术与"小企业信用评分技术"

从贷款技术来看，在借贷过程中，平台一般是以借款人的身份证、房产、银行卡等各项认证及提交的其他基本信息为依据进行信用评分。然而借款人的信用等级和收入等个人信息，又是出借人贷款决策的主要依据之一。当借款人是小微企业或私营业主时，平台获得的信息往往是企业主或企业主的个人信息，而不是企业财务状况或生意经营情况等方面的信息。在这种情况下，平台与出借人对借款企业的评判都是以企业主的个人信息为依据的，由此可见，人人贷的小微企业贷款所采用的是"中小企业信用评分技术"。

关于"中小企业信用评分技术"的起源，可追溯于"二战"后欧美国家消费信贷的发展。20世纪50年代，信用评分卡技术被广泛应用于消费信贷领域。银行根据消费者过去的表现建立评分模型，对具有相同特征的借款人的未来还款能力进行预测。之后信用评分卡技术也被用于对中小企业贷款的评估中，即为中小企业信用评分技术。1993年，富国银行率先在中小企业贷款领域应用了该贷款技术。中小企业信用评分技术的重要特征在于，将企业主的个人信息作为评分模型的重要输入变量，对企业信用水平进行评分。相关信息包括其个人收支状况、家庭财产和负债情况、企业主的消费数据与贷款信用记录等。由此可知，小企业信用评分技术对数据有较高的要求。

接下来，将人人贷平台使用的中小企业信用评分技术与商业银行的中小企业信用评分技术进行比较。在信息特性、贷款流程等方面，两种贷款技术比较相似。具体而言，在人人贷平台上，私营企业贷款以业主个人经营贷款的形式呈现，出借人进行贷款决策的主要依据是业主个人的收入情况、家庭财产和负债情况，以及业主在平台上的信用记录等，贷款决策的信息依据与银行中小企业信用评分技术高度一致。此外，人人贷平台也会运用信用评分模型对业主个人进行信用评分。然而，两种贷款技术也存在一定的差别。例如，与人人贷平台相比，商业银行的信息来源更广泛，信息储存更多、更加全面，信用评分模型更专业。这使得商业银行在贷款信用风险控制方面更有优势。

四、"人人贷"产品的贷款方式

从贷款方式来看，我们发现，人人贷平台的借贷产品具有传统银行贷款的特点。由本书第二章可知，根据担保方式，银行对小微企业的贷款可分为信用贷款、抵（质）押担保贷款、保证担保贷款与抵（质）押保证担保贷款。在信用贷款中，借款人不提供任何担保措施，而在抵押担保贷款与保证担保贷款中，借款人分别以其自有资产和第三方信用作为还款保证。

根据这一分类标准，人人贷平台上的机构担保标应属于保证担保贷款，因为该借款订单由担保机构提供信用保证，承担连带责任。然而信用认证标与实地认证标的情况则比较复杂。在风险准备金制度未撤销前，在实地认证标中，友信以其自身的风险准备金为出借人提供还款保障。当贷款发生违约时，友信将用其风险准备金先行垫付。又考虑到友信等线下合作机构还参与到了贷前审核与贷后监督等工作中，因此，可以判定，实地认证标具有保证担保贷款的性质。对于信用认证标而言，该借款产品采用了一种纯粹的线上借贷模式，不存在平台之外的第三方机构进行信息生产并对借款人进行甄别与监督，借款人也无须提供任何抵（质）押物，具备信用贷款的主要特征。但与此同时，平台以风险准备金为限向信用认证标的出借人提供本金保障。因此，信用认证标应介于信用贷款与保证担保贷款之间，并且，更偏向于信用贷款。考虑到银行中小微企业信用贷款的对象主要是规模大、经济实力强的借款企业，P2P 贷款中的信用认证标应属于小额信用贷款，贷款对象主要是个体户、小企业主或个人，贷款金额也较小。但与一般的小额信用贷款相比，信用认证标的贷款期限过长，且无法获得借款企业经济效益、发展前景等方面信息，因此信用风险相对更高。随着风险准备金制度的取消，实地认证标与信用认证标均不提供资金保障，两种产品均属于信用贷款。

通过对人人贷平台上产品贷款技术与贷款方式的分析，可以发现，这些 P2P 网络借贷产品与银行贷款没有实质性的区别，仅仅是实现了借贷交易的网络化。

五、不同借贷模式下的违约风险

由人人贷平台历史交易数据可知，在交易成功的借款订单中，采用"线上 + 线下"借贷模式的实地认证标与机构担保标的违约率均为 0，而采用纯粹线上借贷模式的信用认证标却存在一定的违约风险。该现象表明，在 P2P 网络借贷中，线下合作机构的参与有助于降低贷款违约风险。由此产生一个疑问：为什么在 P2P 网络借贷中，第三方合作机构的参与能够提高信用风险管理水平，而在银行的小微企业贷款中，保证人的加入反而加剧了贷款的违约风险？其原因主要有两个：

第一，商业银行与担保机构的合作是以银行为主导的，银行从多家融资担保机构中选择一家或几家作为合作机构，借款人申请贷款时需要向指定机构申请融资担保，与银行相比，融资担保机构并没有信息优势，因此保证担保不仅无法发挥对信息不对称的缓解作用，反而降低了银行贷款门槛，给高风险企业以可乘之机。然而在 P2P 网络借贷中，借款人上传到平台的信息仅包括身份认证信息、个人征信报告、个人收入及家庭财富等信息，并且，信息的真实性无法确定，仅依靠这些资料尚无法观测到借款人的真实风险。此时，线下合作机构可以通过走访客户核对信息的真实性，并获得其他软信息，保证人的信息优势得到了充分体现，能够有效提高对借款人的筛选与监督效率，缓解了逆向选择与道德风险问题，从而降低信用风险。

第二，在商业银行的保证担保贷款中，银行与保证人之间可能会存在信息不对称问题，保证人的保费收入有限，但承担的信用风险过高，为了提高盈利性，可能会从事高风险活动，提高了贷款的信用风险。然而人人贷的线下合作机构，如友信，与人人贷同属一个集团公司，信息不对称程度较低，且具有相同的利益诉求。在这种情况下，线下担保机构将尽力做好贷前甄别和贷后监督工作，以有效控制违约风险。

但也应注意到，"线上 + 线下"的 P2P 借贷模式也存在着一定的安全隐患。具体来说，在这种借贷模式下，出借人与线下机构之间没有直接交流的机会，P2P 平台作为中间人，为双方进行信息传递，并提供交易平台。在这种情况下，出借人无法核实信息是否真实，即使 P2P 平台与线下机构之间相互勾结，出借人也无法识别。

第五节　小微企业 P2P 网络借贷的风险甄别机制

一、对贷前甄别机制的理论分析

P2P 网络借贷在突破地域限制的同时，也将借贷双方之间的交流局限于线上交流。在 P2P 网络借贷中，借贷双方互不相识，出借人对借款人可实施的贷后监督制约作用有限,因此贷前甄别机制是其风险管理的关键。在不同的借贷模式下,贷款的贷前甄别模式存在较大的差异。由图 5-2 可知,在纯粹的线上借贷模式中(如人人贷平台的信用认证标),借款人需要面临两轮甄别[①]。第一轮甄别是由平台进行。借款人提交借款申请后,人人贷平台会对借款人的资质进行审核。通过审核的订单将被发布在平台上,出借人依据借款人的个人收支、财产、工作等信息,以及平台对借款人的信用评级决定是否投资。只有在一定时间内满标的订单才能成功融资,此即对借款人的第二轮甄别,由出借人行使甄别权力。在第一轮甄别中,平台对借款人的甄别是为了核实借款人是否按要求提交材料,信息是否属实,并进行信用评级。甄别机制的重点在于出借人的第二轮甄别。

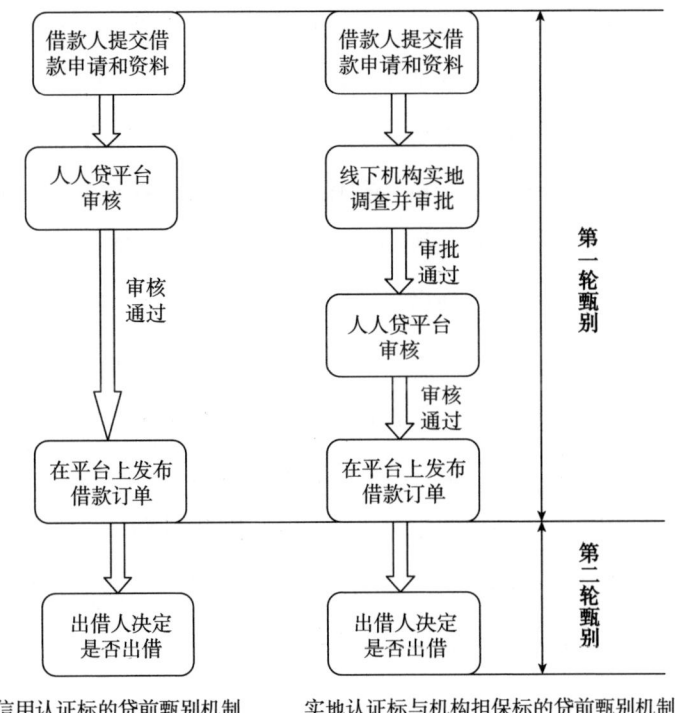

图 5-2 不同借贷模式下的贷前甄别机制

---

① 宋卓霖. 中小微企业融资中的贷款技术与风险缓释机制研究——来自银行贷款与 P2P 网络借贷的证据 [D]. 成都:西南财经大学,2016.

在"线上+线下"的借贷模式下（如人人贷平台的实地认证标和机构担保标），借款人也需要经过两轮甄别。借款人通过平台合作机构的线下门店提交借款申请和相关文件，合作机构的前端人员通过实地走访核实信息的真实性，在此基础上对借款人进行筛选。通过审批的借款订单将被发送给人人贷平台，接受平台的审核，最终，审核通过的订单将被发布到平台上。这整个过程就是对借款人第一轮的甄别，实际上涵盖了线下机构与平台的双重审核。订单发布后，出借人根据订单信息做出投资决策，这是第二轮甄别。值得注意的是，人人贷平台实地认证标与机构担保标的借款成功率为100%，即在这两种借款订单中，真正发挥作用的是第一轮甄别，出借人的贷款决策完全依赖于线下机构的甄别结果。上述分析表明，在信用认证标等纯粹的线上借贷产品中，贷款的信用风险水平是由出借人的甄别能力决定的，而在实地认证标与机构担保标等"线上+线下"的P2P借贷产品中，贷款信用风险取决于线下机构和平台的甄别能力。

由前文可知，实地认证标与机构担保标均具有保证担保贷款的性质，其中，友信等线下合作机构充当了担保机构的角色。在保证担保贷款中，若保证人能够更好地识别借款人的风险类型并做出正确的信用担保决策，则保证担保能够抑制贷前逆向选择问题。与P2P平台和出借人相比，友信等线下合作机构可以利用其地域化优势获取更多的借款人信息，提高对借款人的风险识别效率。此外，在专业能力方面，P2P网络借贷的投资人可能会忽略信用风险而进行盲目投资，相比之下，友信等机构具有较高的信息分析能力与风险甄别能力。综上所述，相较于信用认证标，实地认证标和机构担保标等"线上+线下"的借贷模式通常具有更加有效的贷前甄别机制，贷款信用风险较低。

二、对贷前甄别机制的实证分析

（一）样本说明

为了考察小微企业P2P网络借贷的贷款风险，本小节继续以人人贷平台为例，对其不同产品类型下的贷款甄别机制进行分析。在数据方面，本书选取了

2015年2~4月某段时间人人贷平台的全部投标数据。初始样本共48158条，由于研究对象是小微企业贷款，根据借款标题、借款用途和借款描述等字段，将个人消费性贷款从中予以剔除，仅保留小微企业借款和个体户借款的部分①。经处理，最终获得7591个样本数据，融资成功的订单仅有1022个。在7591个借款订单中，有6799个是信用认证标，占比将近90%，实地认证标和机构担保标分别为672个和120个。

（二）样本的描述性统计

表5-1对样本中订单和借款人的相关信息进行了统计。但就借款成功率而言，6799个信用认证标订单中仅有230个订单融资成功，借款成功率仅为3.38%，而实地认证标与机构担保标的成功率均为100%。在融资成功的订单中，实地认证标的比重最大，与人人贷2015年年报披露的信息相符。信用认证标的借款成功率偏低，这意味着出借人在进行贷款决策时，并没有忽视"本金"保障计划背后的风险，对借款人的筛选比较严格。

在借款金额方面，样本的平均借款金额不足8万元，最少的借款金额仅为3000元。这意味着P2P网络借贷属于小额贷款，当借款人对资金的需求较多时，P2P网络借贷无法满足其融资需求。由此可知，虽然P2P网络借贷在改善长尾人群融资中发挥了一定的作用，但对小微企业的融资作用是有限的。在借款金额方面，三种标的差异并不明显。具体来说，机构担保标的借款金额较少，平均借款额为51785元，其次是信用认证标，平均借款额68775元，实地认证标的借款金额最多，平均可达71519元，仍不足8万元。在借款利率方面，样本平均借款利率为12.35%，高于银行对小微企业收取的贷款利率，但远低于小微企业的民间融资利率。这也体现了P2P网贷对小微企业的融资作用。相较于信用认证标和实地认证标，机构担保标的借款利率稍低，这与银行的小微企业贷款有所不同。一般而言，在银行贷款中，信用贷款的利率要低于保证担保贷款，而在人人贷平台

---

① 个体户贷款在资金用途、贷款风险决定因素等方面与企业贷款相似，因此在本部分研究中我们将其看作微型企业贷款。

上，信用认证标的借款利率高于机构担保标，该种差异源自于贷款对象的不同。银行信用贷款的对象主要为优质企业，而人人贷平台信用认证标的对象则主要是信用等级偏低的借款人。最后，在借款期限方面，三种产品呈现出了显著差异。实地认证标的借款期限接近29个月，远远超过其他两类产品。

在借款人信用方面，借款申请人信用评级的均值为6.45，信用等级以E和HR为主，并且，不同的借款标的在借款人信用等级方面也呈现出了明显的差异。在实地认证标和机构担保标中，借款申请人的信用等级均为A级，其原因在于平台上发布的订单均已通过了友信等线下合作机构的第一轮筛选和平台的第二轮筛选，借款人信用水平较高。然而信用认证标的借款人信用等级跨度较大，分别为B到HR不等。信用额度变量也呈现出相同的分布规律，其中，信用认证标的借款人信用额度最低，平均只有1729元，而实地认证标与机构担保标的借款人信用额度则分别为69358元和51618元。另外，对历史违约情况的统计表明，实地认证标与机构担保标两种借款产品的借款人没有违约记录，而信用认证标中有将近2%的借款人曾有过贷款违约记录。综上所述，与实地认证标与机构担保标相比，信用认证标对借款人的信用能力要求较低。

在借款人的个人信息方面，三种P2P网贷产品在借款人性别、年龄、收入、学历和婚姻状况等方面均有所差异。具体而言，与其他两类借款标的相比，信用认证标中借款人大多为男性借款人及未婚人群，其借款人年龄较小，受教育程度较低。进一步比较发现，与实地认证标相比，机构担保标的借款人的学历水平更高，工作年限更长，但未婚人群占比更大。在借款人房产、车产、房贷与车贷情况方面，在实地认证标中，借款人拥有房产或车产、房贷或车贷的比例要远高于其他两类借款产品。该现象表明，线下合作机构在甄别借款人时，将借款人的房产和车产作为了一项重要考量。对借款人工作阶层的统计表明，人人贷平台上的借款人有很大一部分是兼职做个体生意的工薪阶层，小微企业占比相对较小。在个人收入方面，机构担保标中借款人的收入水平明显高于信用认证标和实地认证标等其他两类借款标的。

此外，由借款记录哑变量可知，在三类标的中，信用认证标中曾借款成功的借款人占比相对较多。其原因在于，信用认证标对借款人的硬信息生产偏少，借贷双方的信息不对称较为严重，降低了出借人的贷款意愿。借款人的成功借款经历可以在一定程度上缓解信息不对称，提高出借人的出借意愿。

表5-1 对借款特征和借款人特征的描述性统计

	总样本	信用认证标	实地认证标	机构担保标
借款特征				
借款利率	0.1235	0.1240	0.1216	0.1058
借款金额①	10.7632	10.7306	11.1064	10.6856
借款期限	18.8792	17.9179	28.9821	16.7667
是否成功	0.1346	0.0338	1	1
借款人特征				
信用等级	6.4516	6.9701	2	2
信用额度②	1.7641	0.7235	10.7134	10.6029
收入水平③	4.3403	4.2961	4.5893	5.4500
是否有过违约记录	0.0178	0.0199	0	0
是否有过贷款记录	0.0406	0.0441	0.0089	0.0167
男性	0.8232	0.8342	0.7217	0.7667
年龄	3.4106	3.3881	3.5999	3.6261
受教育程度④	1.7674	1.7533	1.8527	2.0833
是否已婚	0.6766	0.6423	0.9926	0.8500
工作阶层⑤	2.0121	2.0021	2.1488	1.8167
工作时间⑥	2.1989	2.3099	1.0015	2.6167
是否有房产	0.4250	0.4014	0.6935	0.2583
是否有车产	0.1937	0.1656	0.4836	0.1583
是否有房贷	0.1727	0.1402	0.4985	0.1917

① 借款金额取对数。
② 信用额度取自然对数。
③ 月收入水平在1000元以下取1，1000~2000元取2，2000~5000元取3，5000~10000元取4，1万~2万元取5，2万~5万元取6，5万元以上取7。
④ 若借款人是高中或以下学历，该变量取1，专科学历取2，本科学历取3，研究生及以上学历取4。
⑤ 借款人为工薪阶层时取1，网商取2，私营企业主取3。
⑥ 若借款人的工作年限在1年及以下，该变量取1；工作1~3年时取2；工作3~5年时取3；工作5年以上则取4。

续表

	总样本	信用认证标	实地认证标	机构担保标
是否有车贷	0.1142	0.1113	0.1637	0
所在城市是否有合作机构门店	0.5109	0.4836	0.7545	0.6917
样本量	7591	6799	672	120

（三）小微企业 P2P 网络借贷的第一轮甄别机制

上一节指出，无论是纯线上借贷模式，还是"线上+线下"借贷模式，借款人均需要面临两轮甄别。平台上发布的借款订单（包括未交易成功的订单）反映了平台或其合作机构对借款人的第一轮甄别结果。因此，为了对第一轮甄别结果进行分析，我们选取了全部借款订单作为样本。

表 5-2 报告了对实地认证标与信用认证标中贷前甄别机制的比较结果①。其中，借款人收入水平和违约记录哑变量的系数并不显著，表明借款人（私营企业主）的收入能力和信用记录并不是人人贷平台与其线下合作机构贷前甄别的主要标准。信用额度变量的系数在 1% 的水平上显著小于 0，说明实地认证标对借款人的第一轮甄别要比信用认证标更加严格。

借款记录哑变量的系数在 10% 的水平上显著为正，该结果表明，有成功借款经历的借款人更倾向于申请信用认证标。其原因在于，线下机构要收取一定的服务费，这在一定程度上增加了实地认证标中借款人的借款成本。对借款人来说，需要在借款成本与借款成功率之间进行权衡。信用认证标成功率较低，没有借款经历的借款人很难融资成功，为了提高借款成功率，不得不牺牲借款成本，选择申请实地认证标。然而对有成功借款经验的借款人而言，其成功借款经历能够产生更多的信息，减轻信息不对称，同时也会引发投资者的从众心理，使其再次获得贷款的概率增大。因此，权衡之下，有经验的借款人更愿意申请信用认证

---

① 实证方法为多项选择模型。

标,以降低借款成本。

除此之外,在借款特征方面,实地认证标与信用认证标的差异非常显著。借款利率的系数显著为正,表明实地认证标的借款利率要明显低于信用认证标。这是因为在实地认证标中,友信等合作机构将以自身的风险准备金对出借人的本金与利息予以保障,实现了信用风险的转移,因此支付给出借人的风险溢价相对较低。此外,由借款期限的系数可知,与信用认证标相比,实地认证标的借款期限相对较长,与描述性统计的结果一致。

表5-2 实地认证标与信用认证标第一轮甄别结果的比较

	信用认证标/实地认证标
信用额度	-0.698***
	(0.000)
收入	0.181
	(0.615)
是否有过违约记录	14.88
	(0.992)
是否有过贷款记录	5.031*
	(0.081)
男性	-1.009
	(0.362)
年龄	-2.391
	(0.310)
受教育程度	0.308
	(0.578)
是否已婚	-1.751*
	(0.056)
工作阶层	-0.981*
	(0.085)
工作时间	10.36***
	(0.000)

续表

	信用认证标/实地认证标
所在城市是否有合作机构门店	-1.293
	(0.254)
是否有房产	1.133
	(0.462)
是否有车产	0.752
	(0.615)
是否有房贷	1.066
	(0.539)
是否有车贷	-1.544
	(0.427)
借款利率	743.6***
	(0.000)
借款金额	-0.848
	(0.185)
借款期限	-1.134***
	(0.000)
样本量	7591
R^2	0.9820

注：解释变量为信用认证标与实地认证标概率之比的对数值；*、**、***分别代表在10%、5%和1%的水平下显著。

表5-3报告了对机构担保标和实地认证标第一轮甄别结果的比较[①]。信用额度变量的估计系数并不显著，说明在其他条件相同的情况下，实地认证标与机构担保标的借款人信用额度没有明显差别。然而，借款人收入水平变量的系数显著大于0。对此可理解为，在融资担保标中，融资担保机构需要承担连带责任，为了降低代偿风险，机构将对借款人收入水平提出较高的要求。不仅如此，两种标的在借款人工作年限方面也存在显著差异。借款人的工作年限越长，越有可能通过担保机构的审核，这也在一定程度上体现了担保机构对借款人的高标准。

---

① 实证方法为多项选择模型。

表5-3 机构担保标与实地认证标第一轮甄别结果的比较

	机构担保标/实地认证标
信用额度	0.209
	(0.421)
收入	1.381***
	(0.007)
是否有过违约记录	-8.002
	(0.998)
是否有过贷款记录	-0.454
	(0.889)
男性	-0.0223
	(0.983)
年龄	2.192
	(0.363)
受教育程度	0.659
	(0.290)
是否已婚	-1.345
	(0.229)
工作阶层	-0.919
	(0.115)
工作时间	9.840***
	(0.000)
所在城市是否有合作机构门店	-1.910*
	(0.072)
是否有房产	0.508
	(0.713)
是否有车产	-0.960
	(0.432)
是否有房贷	1.429
	(0.310)
是否有车贷	-15.30
	(0.992)

续表

	机构担保标/实地认证标
借款利率	-258.5**
	(0.043)
借款金额	-2.469**
	(0.015)
借款期限	0.118
	(0.399)
样本量	7591
R^2	0.9820

注：解释变量为机构担保标与实地认证标概率之比的对数值；*、**、***分别代表在10%、5%和1%的水平下显著。

综上所述，就第一轮甄别的结果而言，信用认证标对借款人的要求要低于其他两类借款订单，机构担保标对借款人的贷前甄别最为严格。该结论与前文的理论分析具有一致性，为理论观点提供了证据。

（四）第二轮甄别机制

接下来，本书将继续分析第二轮甄别（即出借人甄别）的结果。为了对该问题进行说明，本书选取已成功融资的样本，对信用认证标（纯线上借贷模式）与非信用认证标（"线上+线下"借贷模式）两种借贷模式下的借款人信用状况进行了比较。表5-4报告了两组样本差异性T检验的结果，其中，两组样本在借款人信用额度、历史违约记录、贷款记录、工作年限、房产、车产等方面均呈现出了显著差异。

表5-4 对信用认证标与非信用认证标的T检验（成功订单）

	信用认证标 N=230	非信用认证标 N=792	t值	p值
信用额度	9.8576	10.6967	-6.3118	0.0000***
收入	4.8522	4.7197	1.3971	0.1627

续表

	信用认证标 N = 230	非信用认证标 N = 792	t 值	p 值
是否有违约记录	0.2348	0	15.5732	0.0000 ***
是否有贷款记录	0.3043	0.0101	16.6743	0.0000 ***
男性	0.8435	0.7285	3.5840	0.0004 ***
年龄	3.4259	3.6039	-10.7454	0.0000 ***
受教育程度	1.9217	1.8876	0.6320	0.5275
是否已婚	0.7043	0.971	-7.1018	0.0000 ***
工作时间	2.5304	1.2462	22.9297	0.0000 ***
是否有房产	0.4522	0.6275	-4.8053	0.0000 ***
是否有车产	0.2391	0.4343	-5.4132	0.0000 ***
是否有房贷	0.2	0.452	-7.0401	0.0000 ***
是否有车贷	0.1739	0.1389	1.3212	0.1867
借款利率	0.1168	0.1192	-3.3913	0.0007 ***
借款金额	9.8568	11.0426	-31.1567	0.0000 ***
借款期限	12.9783	27.1313	-21.1424	0.0000 ***

注：*、**、***分别代表在10%、5%和1%的水平下显著。

首先，与实地认证标和机构担保标相比，信用认证标中成功融资的借款人拥有较少的信用额度，并且，在实地认证标与机构担保标中，借款人没有违约历史，即有违约历史的借款人不可能通过线下机构的审批。然而融资成功的信用认证标中，借款人可能有违约历史，表明有违约历史的借款人也会得到投资者的投资。由此可知，与平台上的个人投资者相比，线下合作机构和融资担保机构对借款人信用质量的要求更高。

其次，对借款人个人财产的检验结果表明，在实地认证标与机构担保标中，拥有房产或车产的借款人所占比重要明显高于信用认证标。考虑到对房产和车产的持有情况在一定程度上反映了借款人的贷款偿还能力，与无房无车的借款人相比，拥有房产、车产的借款人发生违约的可能性更低，线下机构更倾向于选择有一定房产或车产的借款人。该结果再次表明，线下机构对借款人提出了较高的要求。结合借款订单的违约率，可以得出结论，从风险缓释效果来看，相较于纯粹的线上模式，"线上+线下"的借贷模式能够更好地控制风险。其原理在于，线下合作机构的信息生产能力和风险识别能力比个人投资者更高。

第六章　互联网银行的小微企业贷款

第一节　互联网银行的起源与发展

一、互联网银行的产生背景

互联网银行的产生需满足三个前提。一是互联网技术与银行业的有机结合；二是对互联网金融服务需求的增加；三是民间资本进入银行业的政策限制被放宽。

就第一个条件而言，随着互联网金融的兴起与发展，出现了两种趋势：一方面，大数据、云计算、人工智能、区块链等互联网技术越来越多地被应用于银行业务中，提高了银行在支付、贷款、理财等方面的服务效率。另一方面，一些新的金融模式，如第三方支付与移动支付、基于大数据的网络贷款等出现，同时也涌现了一批新的互联网金融企业，在一定程度上替代了传统商业银行的支付、理财、贷款服务。这两种趋势均体现了互联网技术与银行业的深度融合，也为互联网银行的出现提供了土壤。

在市场需求方面，通信技术的发展使互联网得到迅速普及。2006年以来，我国网民规模呈现了大幅增加的态势。根据《第40次中国互联网络发展状况统计报告》，截至2017年6月，中国网民规模高达7.51亿人，互联网普及率约为54.3%，在全部网民中，96.3%的人使用手机上网，手机网民约有7.24亿。为了满足规模庞大的网民的日常需求，大量的移动互联网产品和应用不断涌现，极大地改变了人们的生活方式，进一步刺激了网民对互联网服务的需求。此外，随着金融教育的普及，居民金融素养显著上升，对金融产品和服务理解加深，投资意识增强。在互联网时代，越来越多的居民倾向于通过互联网渠道获得金融产品和服务，因此，互联网金融的市场需求日渐增加，为互联网金融的产生和发展提供了市场基础。

在政策方面，为了建立多层次银行业市场体系、改善银行业市场环境，发挥民间资本在小微企业融资中的作用，2010年5月13日，国务院发布《国务院关于鼓励和引导民间投资健康发展的若干意见》（以下简称《意见》），《意见》中提到，要鼓励和引导民间资本进入金融服务领域，允许民间资本兴办金融机构。在《意见》的指引下，中国银行业监督管理委员会于2012年5月26日发布了《关于鼓励和引导民间资本进入银行业的实施意见》，文件中提出："民营企业可通过发起设立、认购新股、受让股权、并购重组等多种方式投资银行业金融机构。"此外，中国人民银行、中国银行业监督管理委员会等相关部门也始终对互联网金融的发展持有支持和宽松的态度。这些政策上的支持为民间资本成立互联网银行提供了保障。

互联网银行诞生的直接原因：一些互联网企业，如腾讯、阿里巴巴等新媒体企业和电商企业，不仅掌握大数据、云计算、物联网、人工智能等前沿的互联网信息技术，还在经营过程中积累了大量的数据和网络资源。在互联网金融的浪潮中，这些企业将其先进技术与存储的海量数据相结合，逐步涉足移动支付、贷款、理财等金融领域。当互联网企业的金融业务发展到一定规模以后，这部分业务将被独立出来，组建为互联网银行。

2014年，中国银行业监督管理委员会批准前海微众银行、浙江网商银行、温州民商银行、上海华瑞银行和天津金城银行五家民营银行进行试点筹备。其中，微众银行和网商银行均为互联网银行。

2015年4月18日，国内第一家互联网银行——深圳前海微众银行正式对外营业。此后，浙江网商银行、四川新网银行、武汉众邦银行、江苏苏宁银行等互联网银行相继成立。

表6-1对这五家互联网银行的服务对象和产品进行了汇总。从中可以发现，普惠金融是互联网银行的主要定位，其产品主要包括向小微企业和个人发放小额贷款。

表6-1 对我国互联网银行的汇总

	成立时间	注册资本与大股东	定位	服务范围	主要产品
微众银行	2014年12月	30亿元 大股东：腾讯、百业源投资和立业集团	为普罗大众、微小企业提供差异化、有特色、优质便捷的金融服务	存款、贷款、结算、票据贴现、信用证、代买外汇、代理收付款与代理保险、理财、存管	个人小额信贷（"微粒贷"）与消费信贷（"微车贷"）、小微企业贷、理财
网商银行	2015年5月	40亿元 大股东：蚂蚁金服、上海复星工业技术发展有限公司、万向三农集团	网商首选的金融服务商、互联网银行的探索者和普惠金融的实践者	存款、贷款、结算、票据贴现、代买外汇、代理收付款与代理保险、理财	小额贷款（网商贷）、理财（余利宝）、票据贴现、供应链金融
新网银行	2016年12月	30亿元 前三大股东：新希望集团、小米、红旗连锁	"移动互联、普惠补位"的差异化定位，以及"数字普惠、开放连接"的特色化经营	存款、贷款、结算、转账汇款、账户管理、存管	个人小额信用贷款（"好人贷"）
百信银行	2017年1月	20亿元（后增资为40亿元）大股东：中信银行、百度	为百姓理财，为大众融资，依托智能科技，发展普惠金融	存款、贷款、支付、转账汇款、账户管理、理财、存管	消费金融、供应链金融、理财

续表

	成立时间	注册资本与大股东	定位	服务范围	主要产品
众邦银行	2017年4月	20亿元 股东：卓尔控股、当代科技、壹网通科技、钰龙集团、奥山投资、法斯克能源	专注产业生态圈助力大众创业、帮扶企业发展	存款、贷款、结算、转账汇款、账户管理、理财	理财产品（"邦你盈"）、供应链金融（"邦你链"）
亿联银行	2017年5月	大股东：中发金控、三快科技	数字银行，智慧生活	存款、贷款、结算、票据贴现、信用证、代买外汇、银行卡业务、代理收付款与代理保险、理财、存管	"亿联易贷"、"亿农贷"、"亿联易存"、"亿联智存"
苏宁银行	2017年6月	40亿元 前两大股东：苏宁云商、日出东方	科技驱动的O2O银行	存款、贷款、结算、转账、账户管理、理财、信用证	供应链金融、消费金融（"升级贷"）、微小商户金融（"微商贷"）和产品销售平台

二、互联网银行的内涵

Serkan等（2004）认为，互联网银行就是将电子信息技术应用到传统银行业，其客户能够以较低的价格获取信息并进行交易，该过程将通过互联网完成，突破了时间与空间的限制。从服务内容和服务方式来看，互联网银行是运用云计算、大数据等技术，以线上服务的方式为客户提供存款、贷款、支付、结算、汇转、账户管理、货币互换、投资理财、金融咨询等金融服务的互联网金融机构。

由上述定义可知，互联网银行具备以下特点：

第一，以网络化服务代替网点化服务。互联网银行无须设立物理网点，其产品交易和服务均在线上进行，客户可以足不出户，办理金融业务。但是，对互联网的依赖也向互联网银行的计算机技术提出了相当高的要求。

第二，金融服务范围广泛。能够向客户提供包括存贷款、支付结算、投资理财、金融咨询在内的大部分金融产品和服务。

第三,业务自动化程度高。互联网银行的大部分业务可通过计算机自动处理,实现了对人工操作替代。

第四,组织结构的扁平化。互联网银行内部不设立多层分支机构,缩短了业务处理链条,简化了业务流程,服务快捷、高效。

三、互联网银行与传统银行的比较

互联网银行不仅仅是传统银行服务的网络化,还体现了对传统银行服务的改进和延展。

与传统商业银行相比,互联网银行存在以下优势:

第一,线上经营,突破了对服务对象的空间限制,降低了运营成本。互联网银行与传统商业银行最突出的不同在于:互联网银行实行线上经营,较少设立甚至不设立线下网点;然而传统商业银行依靠物理网点开展业务,需要承担较高的渠道建设费用。从这一层面来看,互联网银行"去实体化"的线上经营模式节约了营业网点的租金成本、网点人员的人力成本,以及基础设施配置成本等运营成本,并且,在互联网银行的经营模式下,所有网民均可通过电脑或手机等移动设备获得所需金融产品和服务,这为边远地区或远离银行网点的个人和企业提供了便利,提高了这些用户的金融可及性。此外,线上化的产品和服务还节约了客户往返网点的时间和交通成本。

第二,突破了传统商业银行服务时间的限制。传统银行网点有营业时间限制,一般营业时间为9点到17点,与工作时间重合。在营业网点之外,客户除了通过ATM机进行小额存取款,无法获得所需服务。然而互联网银行可以借助互联网和信息技术,为客户提供24小时的在线服务,使客户能够在下班时间购买金融产品和服务,在改善客户体验的同时,也为银行争取到了更多的用户。

第三,数据获取成本低,数据质量高,为业务开展提供了数据支撑。数据是银行业务开展的重要依据,也是银行的一项重要资源。传统银行对客户信息的获取方式主要有：客户提交的材料、中国人民银行的征信系统，以及以往业务中获得的信息。这些信息通常围绕企业经营状况，以公开信息为主，并且，除征信系统之外，其他信息的真实性有待核实。然而互联网银行可以通过电商和通信平台获得海量的客户信息，并运用大数据、云计算等技术从中提取高价值数据并对信息进行高速处理。这些信息涵盖了客户生活、经营等各个方面，信息内容比较全面，并且，信息由互联网平台自动生成，真实性高。依据这些数据，互联网银行可以对客户行为和社会关系等进行分析，在此基础上开展理财、贷款、咨询等服务。同时，互联网银行还可以对客户需求进行深入挖掘，提高客户黏性，发展稳定的客户群体。

第四，扁平化的组织结构，提高了互联网银行的管理效率，降低了互联网银行贷款等业务的成本。传统商业银行的组织结构具有层级化特征，多呈现为总行—省分行—市分行—支行—网点的结构形式。因此，支行或网点的某些决策，需要经过层层链条传递给总行，延长了业务办理时间，也提高了决策成本。然而在互联网银行下，决策层到操作层之间的链条较短。以贷款业务为例，在传统商业银行中，随着贷款决策权的上收，客户信息的传递链条变长，传递成本上升，增加了银行的贷款成本；若将贷款决策权下放，又会引发代理问题，网点负责人出于私心，可能会发放不合规贷款，给银行带来损失。互联网银行的扁平化组织结构有效地避免了传统银行因组织结构复杂而导致的规模不经济。那么，互联网银行是如何实现结构扁平化的呢？这与其信息获取方式（平台自动生成交易记录）、先进的信息处理技术（运用大数据、云计算等技术将非结构化数据转换成结构化数据），以及线上化经营模式密不可分。首先，线上化的经营模式，使银行无须在不同省市开设分支机构，为其构建扁平化的组织结构提供了可能性。其次，互联网银行在信息获取与处理方面的能力可以有效抑制代理问题的产生。具体而言，由于结构化数据可以在不同层级之间有效传递，决策层可以基于这些数据对操作层的决策行为进行监督，从而减轻操作层的不合规行为。

第五，以小微企业和个人为目标客户的定位，使互联网银行在与传统商业银行的竞争中脱颖而出。从成立以来，传统商业银行就将服务大型企业或国有企业作为其业务开展的重心，随着金融脱媒进程的加快，大型企业可通过发行股票、债券等获取融资，对银行贷款的需求大大减少。于是，多家银行竞相争夺优质大企业的竞争格局出现。利率市场化改革导致银行存贷款利差缩小，进一步提高了银行的盈利难度，加大了银行的竞争压力。在这种情形下，互联网银行的海量数据和先进技术，降低了软信息生产的成本，赋予了其在小微企业贷款和个人贷款中的先天优势，使其在小微企业与个人贷款中占据了一席之地，同时也缓解了小微企业和个人的融资困境。庞大的客户群体，也为互联网银行带来了可观的中间服务费和手续费收入，成为银行盈利的主要来源。此外，互联网银行的成本优势使互联网银行比传统商业银行更具竞争力，这也在一定程度上解释了互联网银行存款利率普遍高于传统商业银行存款利率的现象。

然而，也应注意到，目前互联网银行还处于起步阶段，在经营模式、业务范围和风险管理等方面仍存在局限性，需要进一步改进。总的来说互联网银行的局限性主要体现在以下几点：

第一，资金来源的局限。吸收存款、发放贷款是商业银行的传统业务。目前，在存款方面，传统商业银行仍是居民和企业的首要选择，掌握了大部分存款资源。因此，对于互联网银行而言，如何获得充足的资金，以供贷款发放，关系到其规模的壮大。

第二，业务范围和客户群体的局限。互联网银行主打个人消费信贷、小微企业贷款和互联网理财等业务，其贷款对象主要限于线上用户。以微众银行为例，其贷款业务需要以腾讯提供的大数据为依据，因此，客户需要使用微信等社交程序。然而对于没有使用微信的客户而言，微众银行无法从平台上获得相关信息，也就缺乏贷款决策的信息依据。此外，互联网银行尚无力承担金额较大的企业贷款和个人住房贷款。对于大中型企业客户而言，互联网银行也没有能力为其提供贷款、理财、票据贴现等方面的服务。

第三，风险管理的局限。互联网银行在风险管理方面主要有两点不足：一是互联网银行的人才结构更偏向于互联网领域，金融领域的专业人才有所短缺。这使得银行的投资风险得不到有效控制，提高了理财产品的风险，另外也难以从整体上识别金融风险。二是互联网银行的信用风险管理模式主要适用于小额贷款，随着贷款金额的增加，其风险管理效果将大打折扣。

四、互联网银行的风险分析

除了传统金融风险以外，互联网银行存在某些独有的风险。总的来说，互联网银行的风险可总结为以下几点：

第一，互联网银行的技术风险。互联网银行的业务经营主要以线上化为主，因此，强大的技术支持是银行业务开展的前提。然而技术能否保障银行与用户的信息与资金安全、能否满足银行业务的需要，关系到银行的生存和发展，因此，技术风险是互联网银行所面临的最为严重的风险。具体而言，互联网银行的技术风险有四层含义：一是交易风险，即信息在传递、处理和存储的过程中发生丢失或破坏，被恶意窃取和篡改，从而导致交易无法安全进行的可能性。二是操作风险，即出于技术方面的原因，客户在业务操作中可能存在安全隐患。以远程支付为例，由于应对网银欺诈的安全防御性软件尚不成熟，第三方软件可能无法有效识别木马程序。因此，犯罪分子可以利用互联网银行这一技术缺陷，通过钓鱼WIFI站点或其他攻击手段，对客户交易信息进行拦截或篡改，造成客户资金损失。此外，在手机移动支付中，由于缺少U盾接口，客户普遍采用短信认证的方式进行身份确认，这一身份验证方式也容易被犯罪分子利用。三是信息泄露风险，即因技术原因，对交易信息和客户个人信息保护不力，从而导致信息被恶意窃取或者人为泄露的现象。四是服务质量风险，即技术无法满足业务开展的需要，导致系统响应过慢、操作过于复杂等问题，影响客户的使用感和满意度。

第二，互联网银行的声誉风险。互联网银行在借助互联网开展业务的同时，也极易遭受来自互联网的舆论冲击。互联网银行的声誉风险是指当平台出现经营不善、风险控制不力等问题，或因黑客的恶意攻击而致客户信息泄露、系统故障影响客户正常交易时，网民对银行的负面评价将迅速发酵，使银行陷入舆论危机，导致银行声誉的丧失，从而影响其业务正常进行。

第三，互联网银行的信用风险。在信息方面，互联网金融具有虚拟化特征，交易双方通常只是通过网络发生业务联系，在身份确认、信用评估等方面存在严重的信息不对称。此外，从制度环境来看，由于我国的社会信用体系建设尚处于初级阶段，互联网金融机构还未纳入中国人民银行征信系统，因此，互联网银行缺乏必要的信息保障，并且，目前国内信用中介服务市场的发展较为滞后，行业整体水平不高，也很难为互联网银行提供所需的信息服务。基于上述原因，互联网银行在贷款业务中面临着较为严重的信息不对称问题。在风险管理方面，就部分互联网银行而言，由于其发展历程较短、进入门槛偏低，与传统商业银行相比，缺乏专业的风险管理人员，风险管理能力较弱。又因为互联网银行的贷款多为无担保贷款，客户可以利用银行与自身的信息不对称进行信息造假，从而骗取贷款，或在多家平台上取得贷款，加大了互联网银行的信用风险。

第四，互联网银行的合规风险。目前，针对互联网银行的设立和运营，监管方仍未出台细则性指导意见或监管法规，可能使互联网银行的发展处于合规经营的模糊边界地带，产生合规性风险。

第二节　互联网银行的小微企业贷款

由互联网银行的发展现状来看，小微企业贷款是其主要的金融服务之一。互联网技术带来了电子商务的繁荣，然而，在经营过程中，许多电商企业面临融资问题。在解决电商企业融资问题中，浙江网商银行发挥了重要作用。下面，本节以网商银行的小微企业贷款产品为例，对互联网银行的小微企业贷款模式和贷款技术进行研究。

金融科技时代小微企业融资之路

一、网商银行的基本情况

2015年5月,网商银行获批成立,其前三大股东分别是蚂蚁小微金融服务集团有限公司(以下简称"蚂蚁金服")、上海复星工业技术发展有限公司和万向三农集团,持股比例分别为30%、25%和18%。其中,蚂蚁金服是阿里巴巴旗下的金融服务企业,拥有支付宝、余额宝、招财宝、蚂蚁聚宝、网商银行、蚂蚁花呗、芝麻信用等业务板块,也是国内最大的互联网金融服务企业之一。蚂蚁金服海量的网络资源和征信数据,为网商银行的业务开展提供了保障。

在经营目标方面,网商银行坚持"以服务小微企业、支持实体经济、践行普惠金融为使命,希望做互联网银行的探索者和普惠金融的实践者,为小微企业、个人创业者提供高效、便捷的金融服务"。

在经营模式与核心技术方面,网商银行是国内第一家将核心系统架构在金融云之上的银行。具体而言,网商银行的核心系统架构模式可总结为"大平台、微应用、微服务"。其中,大平台提供了各种基础组件和基础性金融服务,涵盖了客户信息、会员管理、产品模型、计息计费、支付交易、账户服务等模块,通过对这些基础组件和服务的组合,可以快速构建银行业务链,有效提高银行业务效率。微应用和微服务是指网商银行致力于为小微企业、个人创业者和农户等小微客户提供金融服务。

就发展战略而言,在建立之初,网商银行提出了服务小微客户战略、服务农村市场战略、服务各类中小金融机构战略的三大战略。

第一,服务小微客户战略。网商银行借助阿里巴巴的电商平台优势,利用阿里巴巴B2B(Business to Business)平台、淘宝、天猫平台以及蚂蚁金服支付宝等平台上所积累的客户行为数据和信用数据,向那些被正规金融拒之门外的小微客户发放小额信用贷款。在贷款中,网商银行在网络数据与在线资信调查的基础上,运用交叉检验技术,并辅以第三方验证,通过多渠道信息验证客户信息的真实性。此后,网商银行将运用客户在电商平台上的行为数据和信用数据对借款企业与个人进行信用评估,并以此为依据发放贷款。

第二,服务农村市场战略。最初,网商银行结合阿里巴巴集团的"千县万村"计划,利用"村淘合伙人"模式,结合消费品下乡、农产品上行以及农村生态圈等信贷场景,通过数字化模式为农资农具购买及农产品上行提供特定的金融服务。2018年以来,网商银行在原有数字化模式、"线上+线下"熟人模式、供应链融资模式的基础上,与地方政府开展"普惠金融+智慧县域"合作。将自有数据与政府行政与公共服务相关数据进行对接,建立区域专属授信模型,向农户提供信用贷款。

第三,服务各类中小金融机构战略。网商银行还将依托其在风险识别、科技系统和数据分析等方面的专业化能力,向各类中小金融机构提供风险管理、信息系统、产品开发、托管等服务,提高这些金融机构的服务效率。网商银行与中小金融机构的合作,将有助于完善同业合作环境,反过来也会促进网商银行的平台化发展。

随着业务模式的改进和创新,2018年之后,网商银行将发展战略调整为服务小微客户和服务农村市场两大战略。

在组织架构方面,网商银行的高级管理层包括信息科技管理委员会、资产负债管理委员会两个平行机构。2017年之后,又新增了业务连续性管理委员会。然而在高级管理层之下,网商银行还下设了小微及农村金融部、金融同业部、风险管理部、信息科技部、业务安全部、法律合规部、综合管理部、运营作业部、产品创新部、客户服务部10个部门,分别负责业务开展、风险管理、技术支持、法律合作、运营管理等事务。

二、网商银行贷款产品介绍

为了满足小微企业、个体工商户以及农户的贷款需求,网商银行推出了"网商贷""旺农贷""信任付"等贷款产品。下面,本书将对这几种贷款产品进行介绍。

(一)基于电商平台的贷款产品

"网商贷"产品:面向淘宝、天猫及阿里巴巴等电商平台上的卖家,满足电商平台卖家的融资需求,包括淘宝贷款、天猫贷款和阿里贷款等。现将其总结如下(见表6-2)。其中,阿里信用贷款面向阿里巴巴平台上的中国站会员或中国供应商会员发放的经营性贷款,贷款人必须是企业的法定代表人,且将贷款资金用于企业经营。网商贷(国际站专享)是对阿里巴巴国际站会员发放的信用贷款,旨在为客户解决在外贸交易中的融资需求。网商贷(国际站专享)每天最多申请3次,不限制贷款笔数。淘宝、天猫信用贷款是为了满足淘宝或天猫店铺经营者在经营中的融资需求。其贷款额度取决于店铺的等级、经营状况等信息,系统会随着数据信息的更新,实时调整贷款额度。速卖通是为了满足全球速卖通平台上的卖家融资需求的信用贷款,不需要抵押和担保,仅依靠商家的信用发放贷款,每笔贷款的最长期限为12个月。系统对店铺的信用等级、经营状况等信息进行评估并制定相应的贷款额度。

表6-2 网商银行基于电商平台的贷款产品

贷款产品	面向客户	期限	最高额度	利率	具体条件
阿里信用贷款	阿里巴巴中国站会员或中国供应商	12个月或6个月	100万元	10%	企业注册时间至少为1年;近1年内的实际销售金额(包括线下销售额)不少于100万元
网商贷	出口通客户	12个月	100万元	6%~8%	申请人必须是企业的法定代表人,长期定居在中国大陆;企业工商注册时间至少1年;企业近1年内的销售总额至少达到100万元
淘宝、天猫信用贷款	淘宝、天猫平台上的企业店铺卖家	12个月或6个月	100万元	0.06%每天,0.08%每天	淘宝和天猫店铺近6个月中每个月都有交易量,交易量要求是有效交易量,同时要通过店铺经营状况的审查
速卖通	阿里巴巴国际站会员	不超过12个月	100万元	0.04%每天,0.045%每天	速卖通店铺最近6个月持续有效经营,每个月都有有效交易量,经营情况良好;诚实守信,店铺信用记录良好;店铺注册人年龄在20~60岁

（二）农户贷款产品——"旺农贷"

"旺农贷"是网商银行结合阿里巴巴集团"千县万村"计划，借助"村淘合伙人"模式，结合消费品下乡、农产品上行以及农村生态圈等信贷场景，面向参与"村淘合伙人"模式的农户所推出的一款贷款产品。根据借款用途，"旺农贷"又可分为种养殖贷款、经营性贷款和急速经营性贷款。其中，种养殖贷款的贷款期限可以是3个月、6个月、9个月或12个月，经营性贷款的期限较长，最长可达两年，极速经营性贷款的借款期限为12个月。

（三）其他贷款产品

除了"网商贷"和"旺农贷"之外，网商银行结合电商平台用户需求，积极开发"淘客贷""阿里云贷款""大数贷"等新型数据化贷款产品，满足了更多场景下的客户需求。此外，银行还围绕O2O互联网生态，推出了支付宝商户贷、口碑商户贷等新产品，促进了多样化业务的发展。相关的贷款产品包括"普惠贷"、"淘客贷"、河北"村村通"农村网点贷款、新政策贷款等。其中，"普惠贷"主要面向电商平台买家之外的，线下使用支付宝收款、转账码收款的小型商家，是期限为3个月的短期贷款产品。河北"村村通"农村网点贷款是面向河北部分地区的小企业主和个体工商户提供的授信产品，解决其在生产经营过程中的流动性资金需求，单笔贷款期限最长为6个月。借款人需满足以下条件：支付宝个人会员且完成了V2类实名认证；企业法定代表人或个体工商户负责人，年龄在18~65周岁，且是中国大陆居民；阿里巴巴中文站免费会员；在阿里巴巴集团及外部金融机构无不良记录。

上文所介绍的贷款产品均属于小额信用贷款，借款申请人无须提供抵押品或质押物。在这些贷款之外，网商银行还提供了订单贷款。订单贷款是淘宝平台上的个人或企业卖家、天猫企业卖家以其在平台上的订单（未到款订单）为质押，所申请的质押贷款。

从2015年成立以来，网商银行就在对小微企业与小微经营者的贷款业务领域取得了突出的成绩，作为案例具有较好的代表性。

三、网商银行的小微企业贷款分析

(一) 网商银行小微企业贷款的贷款方式

基于对网商银行贷款产品的介绍,本书将从贷款模式和贷款技术的视角,对其中的小微企业贷款进行深入分析。首先,除对农户的贷款之外,网商银行的贷款对象为电商平台上的企业、个人卖家或线下卖家。其中,对企业的贷款属于小微企业贷款,而对个人卖家的贷款应属于个体工商户贷款,两者皆属于小微企业贷款的范畴。

下面,我们将对这些贷款产品所对应的贷款模式和贷款技术进行分析。

在贷款模式方面,除订单贷款外,"网商贷"等其他贷款产品均为信用贷款或信用授信产品,借款申请人无须提供房产等不动产或其他动产,也不需要由第三方提供信用保证,并且,从贷款额度来看,网商银行所发放的贷款最高不超过100万元,户均贷款金额约为2.6万元①,均属于小额信用贷款。在传统商业银行贷款中,小额信用贷款主要面向农户。然而在对个体工商户和微型企业的贷款中,商业银行通常会要求借款申请人将其自有房产作为抵押,提高了个体工商户和微型企业的融资成本,加大了其融资难度。因此,从这一层面来讲,网商银行通过向小微企业和个体工商户提供小额信用贷款,在一定程度上解决了这些特殊群体的融资问题,弥补了传统银行在服务对象方面的不足。

(二) 网商银行小微企业贷款的贷款技术

在不同的贷款产品下,网商银行分别采用了什么贷款技术?为了回答这个问题,需要先回顾贷款技术的定义。Berger 和 Udell(2005)提出,贷款技术是贷款信息来源、甄别机制、贷款程序、合约结构以及监控机制等不同环节之间的组合。因此,要明确网商银行所采用的贷款技术,需要分别从信息来源与信息特质、甄别机制和监控机制等方面进行分析。

---

① 由网商银行2018年年报数据可知,截至2018年12月,网商银行累计为1227万户小微企业和小微经营者客户提供金融服务,户均余额2.6万元。

首先，就信息来源和信息特质而言，网商银行的信息来源主要有两个：一是来自于阿里巴巴集团下各类平台上所积累的客户行为数据和信用数据，包括1688B2B平台、淘宝、天猫平台、蚂蚁金服支付宝、口碑、钉钉、闲鱼、优酷、高德地图等众多平台，涵盖了人们生活的不同领域。二是通过工商信息、税务信息等外部渠道获得企业工商、税务数据。就第一类信息而言，1688B2B平台、淘宝、天猫平台可生成企业的各项具有真实性的交易数据和财务信息，通过云计算和大数据技术对这些信息进行深度挖掘，可以对企业的经营能力、盈利能力、未来现金流和商誉情况进行初步了解；支付宝平台可提供企业主和个体工商户的身份信息、资金流信息和信用信息，可用于分析小微企业的信用水平和还款能力；口碑、钉钉、闲鱼、优酷、高德地图提供了企业主和个体工商户在饮食、工作、娱乐、出行等方面的数据，与其他数据相结合，能够形成全方位的用户画像。在信息特质方面，此类信息属于可公开易传递的定量化信息。但是，一旦形成用户画像，该画像能够较为准确地展示用户的兴趣偏好、性格特质。换而言之，从形式来看，第一类信息属于硬信息，而从其内容来看，该信息还涵盖了用户私人信息（软信息）部分。就第二类工商、税务信息而言，这属于典型的硬信息。综上所述，网商银行用作贷款依据的信息既包括硬信息，又有软信息，并且，其大数据、云计算等技术实现了对软信息的硬化，大大降低了软信息生产成本。在贷款评估过程中，网商银行利用互联网基础服务业的优势可以获取到企业的各项具有真实性的交易数据和财务信息。通过云计算和大数据技术对这些信息进行深度挖掘，从而对企业的经营能力和未来现金流有了初步评估。即便缺乏企业规范的财务报表和有价值的抵押物，也可以通过阿里巴巴旗下的淘宝、天猫、支付宝平台的各类交易活动和资金往来形成的信用数据，对企业主的个人信誉、品行等进行信用评估。

其次，从贷款流程来看，网商银行对小微企业和个体工商户的贷款属于一般信用贷款，因此，可将租赁和保理两种贷款技术予以排除，并且，网商银行对借款客户基本没有抵质押要求和保证担保要求。即便缺乏企业规范的财务报表和足值的抵押物，也可以通过阿里巴巴旗下的淘宝、天猫、支付宝等平台的各类交易活动和资金往来形成的信用数据，对企业主的个人信誉、品行等进行信用评估。由此可以判断，网商银行的小微企业贷款没有采用交易型贷款技术中的资产支持型贷款技术、不动产贷款技术和设备贷款。

最后，在甄别机制和监控机制方面，网商银行的贷前甄别和贷后监督完全依赖于从各种渠道所获取的客户信息，而非通过抵（质）押品来筛选、监督借款用户。此外，网商银行对借款用户的要求多为在电商平台进行交易、无违约记录等，并根据用户在平台上的盈利情况和信用评分确定信贷额度，对企业资产规模及其他常规财务指标没有太多要求，这说明，网商银行的小微企业贷款技术不属于交易型贷款技术下的财务报表型贷款技术。因此，网商银行的小微企业贷款技术只有可能是中小企业信用评分技术或关系型贷款技术。考虑到网商银行在进行贷款审批和确定贷款额度时，会运用专业的信用评估模型对借款人进行信用评分，从这一层面来看，这种贷款技术更接近于中小企业信用评分技术。但是，也应注意到，网商银行通常要求借款客户在平台上有一定的信息积累，很少向新注册企业发放贷款，这说明网商银行的小微企业贷款对"银企关系"[①] 有要求。以淘宝、天猫信用贷款为例，工作人员根据店铺的基本信息、法定代表人、订单交易行为、订单交易评价等信息对商家的信用情况进行综合分析，并在此基础上给予一定的贷款授信，并且随着系统信息的更新，商家的贷款额度会发生变化。因此，借款企业如果想获得持续性的资金支持，必须要维持好店铺的诚信，这反映了银企关系对借款企业的激励作用。除银企关系之外，上文对信息特质的分析表明，网商银行在进行贷款决策时既需要依据企业硬信息，也需要考虑企业主相关的软信息，这些均符合关系型贷款的定义。

综上所述，网商银行的小微企业贷款属于对中小企业信用评分技术和关系型贷款技术的有机结合。值得注意的是，网商银行的关系型贷款技术与传统商业银

---

① 此处，银企关系是指借款人与平台之间的合作关系，而非借款人与网商银行的合作关系。

行的关系型贷款技术有明显的不同。传统商业银行在发放关系型贷款时,需要信贷经理进行实地走访,深度了解企业的财务状况与经营情况,甚至与借款企业的上下游企业进行交流,从中对企业和企业主形成主观性评价,并依据该评价做出贷款决策。该过程存在两个问题:一是信贷经理的实地走访带来了较高的人力成本和交通成本,增加了银行的贷款成本;二是贷款决策主要依据信贷经理的主观性评价,这需要信贷经理具备较强的专业能力和丰富的放贷经验,否则将导致信用风险。然而在网商银行的关系型贷款中,借款人软信息来自于用户画像,不需要信贷经理走访获取,信息生产成本低。此外,网商银行通过大数据、云计算等技术将非结构化数据进行结构化处理,并运用人工智能等技术形成用户画像,信息生产过程中不存在信贷经理的主观评价,避免了信贷经理个人能力不足对贷款信用风险的影响,提高了贷款流程的标准化,适用于大批量贷款。

四、贷款风险缓释机制

网商银行的小微企业贷款是无担保的小额信用贷款,且贷款对象主要是缺乏规范性财务报表、信息不透明程度较高的小微企业和个体工商户。通常来说,这种贷款将具有较高的违约风险。然而,从网商银行的历年不良贷款率来看,其违约率基本控制在1.5%以内。那么,网商银行是如何对风险进行有效控制的呢?

首先,在风险识别方面,网商银行具有海量数据优势,能够获得阿里巴巴、淘宝、天猫、支付宝、芝麻信用等平台提供的信息,为网商银行风险识别提供了数据支持。基于这些数据,网商银行将根据不同信贷产品自身的特点,对潜在的信用风险、经营风险、欺诈风险进行量化和识别。以天猫等B2C客户为例,"网商贷"会依据天猫平台上店铺的违规记录、店铺评价、店铺退款率等信息对店铺的经营状况和信用水平进行分析。整个资质审核均在线进行、个别贷款产品辅以视频调查和实地访问,最终判断借款客户是否具备贷款资格。

其次,在风险分析方法方面,网商银行开发并实施了与客户特性相适应的风险等级度量方法、客户财务状况复原技术、贷款需求计算方法以及额度授予办法，形成了一套较为完整的模型和技术体系。在对客户信用风险的分析方面，以淘宝、天猫信用贷款为例，网商银行利用淘宝卖家、天猫商户的信用贷数据，对逾期不良客户的特征进行刻画，并运用计量模型对淘宝卖家的线上经营数据，包括历史交易、买家评价、产品价格和数量、资金流动、运营支出等数据进行综合分析，在此基础上建立风险评分模型，对客户信用贷款的违约概率进行预测。同时，网商银行还会对客户的经营风险进行分析。具体而言，网商银行可以利用客户的线上经营数据预测其未来的交易金额是否会出现急剧下滑，从而避免卖家因交易额下滑、商户清退等导致资金紧张进而引发贷款逾期。除此之外，网商银行在贷款决策时也会考虑客户的欺诈风险，仍以淘宝、天猫信用贷款为例进行分析。商品订单维度的信息，包括日志、交易、资金、物流等均可用来识别炒信等作弊行为，一些统计模型也可用来鉴别虚假交易，以及有相关的商品、卖家、买家。

最后，在贷后风险控制方面，网商银行已建立起一套较为成熟的贷后风险预警监测技术和贷后不良资产清收机制。其中，贷后风险预警监测技术通过系统自动化管控，减少了操作风险和从业人员的道德风险。贷后不良资产清收机制可以使网商银行在贷款违约时更有效地收回借款。此外，网商银行的数据优势也有助于提高贷后监督的效率。例如，在淘宝、天猫信用贷款中，网商银行可以根据淘宝、天猫平台商的店铺交易记录、产品、运营支出等信息监督客户对贷款资金的使用，实时监测店铺的偿还能力，并通过支付宝、菜鸟物流的内部数据，识别交易的真实性，由此可以形成完善的监控体系，保证贷款的安全性。此外，银行还可以通过分析买家的淘宝购物行为和关系网数据，预估账号失联的概率，在发生贷款逾期时能在催收环节联络到借贷人。

随着小微企业贷款业务的推进，借款人信用数据又将回流到网商银行，有利于银行优化其大数据模型和信贷风险模型，进一步提升其风险识别和控制能力。

第三节　互联网银行贷款、商业银行贷款与 P2P 网络借贷的比较

一、互联网银行贷款与传统商业银行贷款的比较

（一）贷款对象

在贷款对象方面，互联网银行小微企业贷款主要面向在互联网平台有行为记录的小微企业或小微经营者，对借款人的门槛要求较低。一般而言，借款人仅需满足一定时间的线上经营、有一定的支付能力、无不良信用记录等条件即可。然而在传统商业银行的小微企业贷款中，商业银行一般仅向有规范性财务报表、能提供足值抵（质）押物的小微企业和小微经营者发放贷款，对小微企业的硬信息和财务状况有较高的要求。商业银行中对小微企业非常友好的贷款产品——供应链融资，也要求企业与核心企业之间存在较高的业务量。因此，传统商业银行的小微企业贷款，实际上将大量的小微企业和小微经营者拒之门外。

（二）贷款方式与贷款技术

就贷款方式和贷款技术而言，互联网银行的小微企业贷款以小额信用贷款为主，主要运用了中小企业信用评分技术和关系型贷款技术。然而传统商业银行的小微企业贷款以抵（质）押贷款为主，采用的技术主要是资产支持型贷款技术、不动产贷款技术和设备贷款。较高的抵（质）押要求提高了小微企业的借款难度和借款成本。与传统商业银行相比，互联网银行在中小企业信用评分技术和关系型贷款技术方面存在先天优势。这两种贷款技术均对贷款银行的信息数量和质量有较高的要求。互联网银行通过互联网化的数据获取模式、批量化的数据处理方法、智能化的数据分析技术，以较低的成本获得海量、高质量的借款人信息，

为中小企业信用评分技术和关系型贷款技术的应用提供了必要的数据条件。

(三) 信用风险

在信用风险方面,互联网银行的小额信用贷款使其能够坚持小额分散的经营原则,防止风险聚集。此外,由于对贷款对象没有地域限制,与线下经营的传统商业银行相比,互联网银行能够更有效地分散信用风险。海量数据和与之相匹配的信用评分模型和风险预警监测技术使互联网银行能够有效识别和管理风险。但是,也应注意到,并不是每一家互联网银行均有足够的数据支撑,也不是每家互联网银行都有专业的信用评分模型和风险预警监测体系。当银行无法对风险进行有效识别和管理时,较低的贷款门槛会给互联网银行带来较大的信用风险。目前,互联网银行的不良贷款率均控制在较低水平,但未来随着贷款业务的拓展,信用风险管理将成为互联网银行的一项重要工作。在传统商业银行方面,由于其贷款对象门槛较高,且大多有抵(质)押担保或第三方保证担保的要求,贷款违约率偏低。但是,随着银行业竞争的增加和小微企业融资支持政策的强化,传统商业银行势必要降低对小微企业的贷款门槛。彼时,传统商业银行要如何做好风险控制工作,也是必须解决的问题。

二、互联网银行贷款与 P2P 网络借贷的比较

(一) 贷款对象

在 P2P 网络借贷的发展巅峰期,单笔贷款额可达 10 万元,在这一时期,P2P 网贷平台上发布的借款订单不仅有个人的消费贷款,还有小微企业主的经营贷款。2016 年,《网络借贷信息中介机构业务活动管理暂行办法》(以下简称《暂行办法》)发布,其中明确网络借贷金额应当以小额为主,规定同一自然人在同一网贷平台的借款余额上限不超过 20 万元;同一法人或其他组织在同一网贷平台的借款余额上限不超过 100 万元。整顿之后,大部分 P2P 网贷平台降低了单笔贷款的上限,P2P 市场上的小微企业减少,P2P 网络借贷以个人贷款为主。相较之下,互联网银行的贷款客户中存在大量的小微企业和小微经营者,贷款资金主要被用于业务经营。当然,与互联网银行贷款相比,P2P网络借贷的优势在于,其贷款对象不受限制,既可以是电商,又可以是电商之外的个人或小企业。

(二)贷款方式与贷款技术

上一章对P2P网络借贷的贷款方式与贷款技术进行了详细分析,提出P2P网络借贷的贷款产品多为小额信用贷款,采用的贷款技术主要是中小企业信用评分技术。与之类似,互联网银行发放的小微企业贷款也以小额信用贷款为主。但不同的是,其使用的贷款技术除了中小企业信用评分技术,还包括关系型贷款技术。在贷款技术方面,P2P网络借贷与互联网银行小微企业贷款最大的不同在于:P2P网络借贷对"银企关系"①没有要求,借款人可以是在平台刚刚注册的用户,没有任何交易记录;然而互联网银行要求借款人必须有一定的"银企关系",在相关平台上有一定的交易记录数据。由于"银企关系"的不同,互联网银行可以获取一定的借款人软信息,并以此为依据发放关系型贷款;然而P2P网络借贷中,出借人只能获得平台所展示的硬信息,并发放交易型贷款。

(三)信用风险

总的来说,互联网银行发放的小微企业贷款的信用风险要远低于P2P网络借贷。这一现象背后主要有几个原因:

第一,数据数量和质量的差异。互联网银行拥有巨大的数据优势,可以通过电商平台、通信平台及其他各类平台获得与借款企业相关的海量数据,且信息生产成本低。然而P2P网络借贷作为信息中介,只能通过借款人提交的个人征信报告、银行流水等获得企业主部分信息,并借助合作机构的门店对借款企业进行实地走访调查,与传统商业银行的信息生产方式大同小异,且不具备商业银行的业务数据。由此可知,P2P网络借贷平台所提供的借款人信息十分有限,数据数量和质量远不如互联网银行。

第二,风险识别能力和风险管理能力的差异。目前,大部分互联网银行已经

---

① 此处的银企关系是指P2P网贷平台的线下机构与借款人之间是否有合作关系。

运用大数据、云计算等技术开发出了较为成熟的信用评分模型和风险监测体系，并将其与数据进行对接，能够有效地识别借款人风险，防范其贷后的不合规行为。然而P2P网络借贷的风险识别和管理主要依赖于P2P平台及其线下合作机构对借款人的风险甄别，缺乏对借款人的贷后制约机制。大量的P2P平台和线下合作机构缺乏专业能力，无法对风险进行准确识别，因此，P2P网络借贷中存在着较为严重的逆向选择与道德风险。

第三，贷款方的差异。P2P网络借贷中，贷方为平台上的散户投资者，P2P网络借贷仅充当信用中介的角色。对散户投资者来说，P2P网络借贷更多的是一种高风险投资品，投资者缺乏贷方的自我意识，忽视了对借款人的风险甄别与贷后监督。相比之下，互联网银行无论在风险甄别，还是在贷后监督方面都更加专业。

第七章　金融科技时代下商业银行的小微企业贷款

本章将结合专利申请情况,对金融科技在商业银行中的应用情况进行介绍,并在此基础上分析金融科技对银行小微企业贷款的影响。

第一节　商业银行金融科技的整体发展现状

一、金融科技时代下商业银行的进步

随着金融科技的发展,大数据、云计算、物联网、人工智能等先进技术也被应用于商业银行的业务和经营中。金融科技对传统商业银行的重塑作用,不仅体现在前端业务模式的创新与服务质量的改善,还体现在提高了银行中后台的处理效率。

在前端业务方面,商业银行对金融科技的应用主要体现在小微企业融资、手机银行与网上银行、移动支付等业务中。首先,在小微企业融资中,大数据的交叉验证能够在一定程度上代替对客户的人工审查,降低银行的审查成本;大数据

还可以提高客户信息的可靠性，降低银企之间的信息不对称。此外，银行还可以借助金融科技对普惠金融、供应链金融等融资模式进行创新，提高小微企业贷款可得性。其次，随着手机银行和网上银行的大范围普及，人们可以通过网络化操作享受银行存贷款、转账、购买理财产品等各项服务。目前，全国性商业银行的柜台交易替代率已达到90%以上。然而在支付领域，商业银行推出了NFC支付类产品、云闪付等移动支付产品，提高了支付效率。

在中后台管理工作中，商业银行通过运用大数据、云计算、人工智能等技术，提高了信息传递、处理、存储的效率，改善了风险管理能力。例如，在对信用风险的管理中，金融科技丰富了银行的数据资源，银行可以依托信息对客户进行审查和监督，以降低信用风险。此外，以金融科技代替人工操作，可以减少因员工失误或能力不足而造成的损失。

二、商业银行的技术创新成果

（一）商业银行的整体技术创新情况

为了对商业银行的技术创新成果有清晰的认识，本小节对银行的专利成果进行了初步统计。截至2018年12月，银行业专利申请总量共计5123个。鉴于某种技术可能被同时申请了实用新型专利和发明专利，为了避免对银行业技术创新水平的高估，我们仅保留了其中成功授权的样本①。经过初步处理之后，余下4849个样本，其中，发明专利（包括发明公开或发明授权）共计3915个，实用新型专利458个，外观设计专利476个。在4849个专利申请中，成功获得授权的专利仅有1988个，因被驳回或未按规定办理相关手续而未获得授权专利的样本数为535个，处于审中的专利申请样本高达2326个，平均审查时长约6.9个月。考虑到专利审查时间较长，如果只考虑已授权专利数量，会造成对银行技术创新水平的低估，而相较于已授权专利数，专利申请数量更能体现银行在技术创

---

① 当一个技术被同时用于申请两种专利时，其中的一个申请会由于避重放弃被驳回。

新方面的投入和产出。因此,在接下来的分析中,本书将以银行专利申请数量作为对银行业技术创新的度量。

图7-1展示了1985~2018年银行专利申请数的变化。由该图可知,银行业技术创新可大概分为三个阶段。第一阶段:1985~2003年银行业技术创新尚未起步,专利申请数较少;第二阶段:2004~2012年银行业技术创新开始起步,此时专利申请数缓慢增加;第三阶段:2013~2018年,受互联网金融的影响,银行业技术创新飞速发展,专利申请数也呈大幅上升态势。

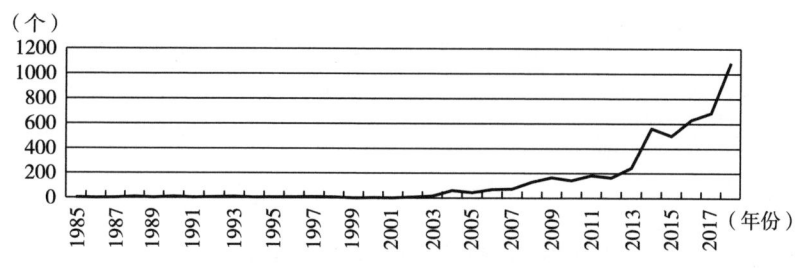

图7-1 1985~2018年银行专利申请数量变化

图7-2描述了银行专利申请类型的变化。从图7-2可以看到,从技术创新的第二阶段开始,银行发明专利的申请数量开始逐渐增加,并成为银行专利申请的主要类型。在第三阶段,发明专利申请占比大幅上升,占据绝对主导地位,而对外观设计专利的申请也有所增加。

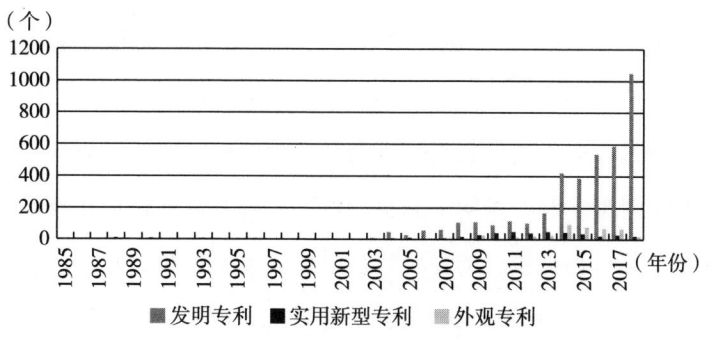

图7-2 1985~2018年银行业不同类型的专利申请数量

(二) 不同类型商业银行的技术创新情况

图7-3报告了不同类型的银行在专利申请方面的整体情形。从图中可以看到，国有商业银行是技术创新的主力军。值得注意的是，以前海微众银行为代表的几家民营银行在技术创新方面也有突出表现。此外，中国人民银行和中国银行业监督和管理委员会等银行业监管机构也是重要的创新主体。

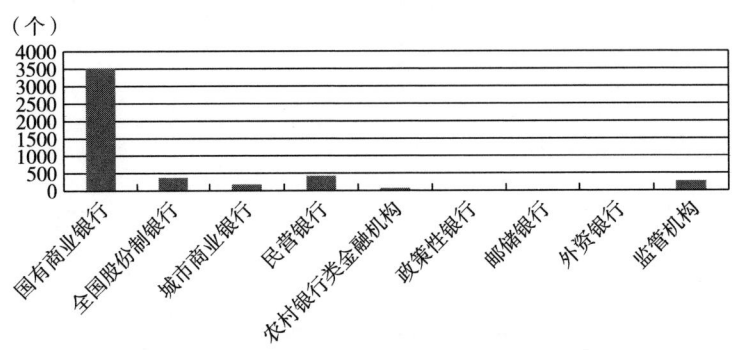

图7-3　1985~2018年不同类型银行的专利申请数量

在此基础上，表7-1进一步比较了各类银行及银行业监管机构（中国人民银行与银监会）的专利申请类型。由该数据可知，不同类型的银行在技术创新方面呈现出了显著差异。具体而言，国有商业银行、全国股份制商业银行、民营银行以及监管机构的发明专利在其全部专利申请中占比在70%以上，其中，民营银行和中国人民银行的发明专利占比更是高达93%以上。然而城市商业银行和农信社、村镇银行等农村银行类金融机构等则主要偏向于外观设计专利。根据《中华人民共和国专利法实施细则》对各类专利的认定，发明是对产品、方法或者其改进所提出的新的技术方案，实用新型是对某一产品的形状、构造或者其结合所提出的新技术方案，而外观设计则是对产品外观做出的新设计。相较于外观设计专利和实用新型专利，发明专利更能体现银行等监管机构在技术及方法方面的创新。因此，综合各类银行的专利申请总量和类型分布，可以得出结论，国有商业银行、民营银行及中国人民银行等监管机构在技术创新方面的表现较为突出。

表 7-1 各类银行及银行业监管机构的专利申请类型

	专利总量（个）	发明专利		实用新型专利		外观设计专利	
		数量（个）	占比（%）	数量（个）	占比（%）	数量（个）	占比（%）
国有商业银行	3525	2907	82.47	375	10.64	243	6.89
全国股份制商业银行	370	275	74.32	26	7.03	69	18.65
城市商业银行	175	27	15.43	35	20.00	113	64.57
民营银行	416	407	97.84	0	0.00	9	2.16
农村银行类金融机构	64	22	34.38	8	12.50	34	53.13
政策性银行	3	2	66.67	1	33.33	0	0.00
邮储银行	25	23	92.00	1	4.00	1	4.00
外资银行	4	3	75.00	0	0.00	1	25.00
监管机构	267	249	93.26	12	4.49	6	2.25

那么，应该如何解释这三类机构的技术创新优势？首先，就国有商业银行而言，相较于其他银行，国有银行在资金实力、人力资本、政策支持等方面更有优势，为其技术创新提供了有力支持。此外，国有商业银行肩负着推进整个银行业发展的重要任务，在银行体系中具有带头示范作用，这为其技术创新提供了压力和动力。其次，对于民营银行而言，前海微众银行、重庆富民银行等银行定位于互联网银行或服务小微的普惠银行，其业务开展需要以互联网技术或大数据、云计算等金融科技为支撑，因此，此类银行在这些技术领域的创新较多。最后，中国人民银行作为央行，承担着制定和执行货币金融政策、对金融活动实施监督管理以及提供支付清算服务三项主要职责。为了实现有效监管和支付清算，中国人民银行需要技术方面的配套支持，这也是其技术创新的主要动力。

（三）银行业技术创新的地区分布

表 7-2 报告了银行专利在不同地区的分布情况。无论是专利总量还是分类型数量，东部地区的表现都优于其他地区，而中部地区和东北地区的表现则相对落后。造成这一现象的原因在于，在东部地区，由于对金融资源和服务的需求较大，银行分支机构较为密集，进行技术创新的主体较多；此外，东部地区的人才

和技术领先于其他地区,能够给银行技术创新提供充足的人才与技术支持。从专利类型的占比情况来看,在东部地区和西部地区,银行所申请的专利以发明专利为主,中部地区和东北地区则偏向于实用新型专利和外观设计专利。综上所述,银行业技术创新存在区域集中化的特征,随着东部地区银行业技术水平的提高,银行业服务实体经济的能力也会随之增强,这将进一步加大东部地区与其他地区在经济增长方面的差距。为了统筹不同地区的银行业服务能力,一方面应鼓励中部、西部和东北地区的银行根据当地需求进行技术创新;另一方面,银行内部应尽快实现先进技术在全国范围内的推广使用。

表7-2　银行业专利的地区分布

	专利总量（个）	发明专利		实用新型专利		外观设计专利	
		数量（个）	占比（%）	数量（个）	占比（%）	数量（个）	占比（%）
东部地区	4526	3745	82.74	385	8.51	396	8.75
中部地区	64	17	26.56	29	45.31	18	28.13
西部地区	185	134	72.43	24	12.97	27	14.59
东北地区	74	19	25.68	20	27.03	35	47.30

第二节　银行业技术创新的应用价值分析

由上一节的分析可知,2004年以来,银行业技术创新经历了一个从缓慢起步到快速发展的阶段。那么,银行业技术创新在银行业发展过程中发挥了什么样的作用?

一、商业银行技术创新的应用方向

为了明确技术创新的作用,本书选取了银行发明专利和实用新型专利数据,对这些专利的主要应用价值进行了分析。

本书考察了银行专利技术在不同产品和业务中的应用价值。具体而言,根据专利名称和申请摘要,本书对样本进行了关键词筛选,以明确专利所对应的产品和业务。例如,运用银行卡、借记卡、开户等关键词来判别专利是否被用于借记卡业务,贷款业务的识别关键词为贷款、借贷、融资、信贷、信用证、信用风险等;转账支付业务的关键词包括支付、POS 机、转账等;网络银行业务的关键词为网上银行、网银、网络银行;手机银行业务的关键词为手机银行、移动终端等。最终,银行主要业务领域的专利申请情况汇总如表 7 - 3 所示。

表 7 - 3 专利技术在银行业务中的应用统计　　　　单位:个

专利应用领域	总量	第一阶段 (1985~2003 年)	第二阶段 (2004~2012 年)	第三阶段 (2013~2018 年)
存款业务	50	6	16	28
贷款业务	104	0	33	71
结算业务	105	9	49	47
转账与支付业务	330	8	99	223
基金与理财业务	40	0	17	23
借记卡	196	7	89	100
信用卡	33	4	11	18
自助柜员机	102	0	42	60
手机银行	57	0	21	36
网络银行	132	4	60	68

由表 7 - 3 可知,银行发明专利与实用新型专利主要被用于转账与支付、结算、贷款等业务中,或为银行借记卡、网银、自助柜员机(ATM)等产品和服务提供技术支持。通过进一步划分发展阶段,可以发现,在第二阶段(2004~2012年),贷款业务、结算业务、转账与支付业务、借记卡、ATM、网络银行等业务和产品相关的专利技术已有了较大发展。

然而,需要注意的是,仍有大量的专利技术无法被直接用于银行产品及服务

金融科技时代小微企业融资之路

中,表7-3所涉及的仅仅是一部分专利。那么,银行所申请的专利究竟被投入到了哪些领域?接下来,本书尝试从银行经营的视角,继续考察银行技术创新的应用方向。

二、商业银行技术创新与银行经营

进入信息化时代以来,数据在银行经营中的重要性逐渐凸显,银行经营过程中会产生大量的数据,银行需要对这些数据进行处理和存储,并以这些数据为依托开展业务,这一过程需要有相应的技术支持。因此,首先,本书将考察与数据操作相关的专利技术。已有文献提出,分散风险、降低交易成本是金融创新和技术创新的重要动机[1][2],结合银行的安全性和盈利性经营目标,本书将对以风险防控和降低成本为目的的专利予以分析。其次,考虑到在各类成本中,技术创新对人力成本的影响最为显著,因此,本书将重点探讨专利技术对银行人力成本的影响。综上所述,本书主要从数据操作、降低风险和节约人力成本三个方向对银行专利技术的应用价值进行分析。

为了识别专利技术是否被用于数据操作的各个环节,本书以"数据"为关键词对样本进行了初步筛选。为了分析专利技术对银行风险和人力成本的影响,本书分别根据"风险""人力"("人工"和"自动")等关键词对样本进行了初步筛选,并对筛选后数据逐一核实。经筛选,银行所申请的4373个发明专利和实用新型专利中,2129个专利与数据操作有关,303个专利可用于减少银行对人力资源的耗费,263个专利能够降低银行风险。由此可知,对数据的操作是银行技术创新的重要动力之一,大部分技术创新只是出于银行日常经营的需要,并不会直接提高银行的安全性和盈利性。

通过对专利内容的分析,可以发现,数据操作方面的专利不仅包括对数据录

---

[1] Niehans J. Financial Innovation, Multinational Banking, and Monetary Policy [J]. Journal of Banking and Finance, 1983, 7 (4): 537-551.

[2] Horne V, James C. Of Financial Innovations and Excesses [J]. The Journal of Finance, 2012, 40 (3): 621-631.

入、获取、传输、处理及存储方法的改进,还涉及数据的分析与使用,例如,利用历史数据进行客户异常行为检测。表7-4对不同类型银行的专利应用方向进行了汇报,由相关数据可知,不同类型的银行在专利应用方向上呈现出一定的差异性。在国有商业银行、全国股份制银行,以及定位于互联网金融和普惠金融的民营银行,所申请的专利中约50%与数据有关。然而在城市商业银行和农信社等农村银行类金融机构中,数据方面的专利占比相对较低。究其原因,一方面,国有商业银行、全国股份制银行和民营银行在经营中产生的数据量较多,对相关技术存在较大的需求;另一方面,相较于国有商业银行和全国股份制银行,城商行和农信社等机构的区域化特征使其在服务小微企业和个人方面具有相对优势,银企合作以关系型模式为主,该合作模式需要依赖大量的人力资源,这在一定程度上降低了银行对数据操作技术的需求。然而,需要注意的是,在互联网金融时代,数据竞争(包括数据获取能力和数据分析能力的竞争)是银行竞争的主要内容,银行在数据方面的技术创新是其未来竞争的重要筹码。因此,城市商业银行及农信社在数据有关技术方面的劣势,将有可能限制其未来的发展。

表7-4 不同类型银行的专利应用方向

	专利总量（个）	数据		风险防控		节约人力成本	
		数量（个）	占比（%）	数量（个）	占比（%）	数量（个）	占比（%）
国有商业银行	3525	1690	51.49	191	5.82	251	7.65
全国股份制商业银行	370	145	48.17	27	8.97	17	5.65
城市商业银行	175	23	37.10	5	8.06	3	4.84
民营银行	416	211	51.84	28	6.88	25	6.14
农村银行类金融机构	64	10	33.33	4	13.33	0	0.00

银行风险控制方面的专利包括信用风险评估及预警系统、数据访问控制与数据处理方法、安全认证方法和系统、电子交易与网上支付方法和系统、基于区块链的资产管理方法等,这些专利的应用将有助于降低银行信用风险、系统性风

险、操作风险,保障数据和客户信息的安全性。由银行的专利占比可知,相较于国有商业银行,全国股份制银行对风险防控方面的技术创新更加重视。

在节约人工成本方面,相关专利包括自助设备、数据和信息的自动化处理系统和装置、人工智能处理方法等,这些专利的使用能够代替烦琐的人工操作,在解决人工成本过高问题的同时,提高银行的服务质量。由各类银行的专利占比可知,国有商业银行、全国股份制商业银行和民营银行更倾向于以技术代替人工操作,而农信社、村镇银行等农村银行类金融机构在这方面的技术创新为零,这也反映了银行在业务模式方面的差异。

第三节 现代信息技术在商业银行技术创新中的应用

本节将结合银行专利申请数据,分析大数据、云计算、区块链等现代信息科技在银行技术创新中的应用。

目前,业界和学术界对金融科技缺乏明确界定。自从2011年被提出以来,金融科技主要指代大数据、人工智能等前沿信息与计算机技术在金融领域的应用,我们将其称为以现代信息技术为驱动的金融科技。因此,为了识别专利申请中的此类金融科技样本,本书根据"大数据""云计算""区块链""数字货币""移动互联""物联网""机器学习""智能"等关键词进行筛选,若专利中运用了以上技术,则认为该项专利属于以现代信息技术为驱动的金融科技。由图7-4可知,现代信息技术驱动下的银行业金融科技的发展比较滞后,2016年开始批量出现。

表7-5报告了银行业在金融科技领域的专利申请情况。经统计,以现代信息技术为驱动的金融科技类专利申请共332项。其中,区块链技术领域的技术创新最多,共申请了107项专利,其次为移动互联和数字货币技术,专利申请数量

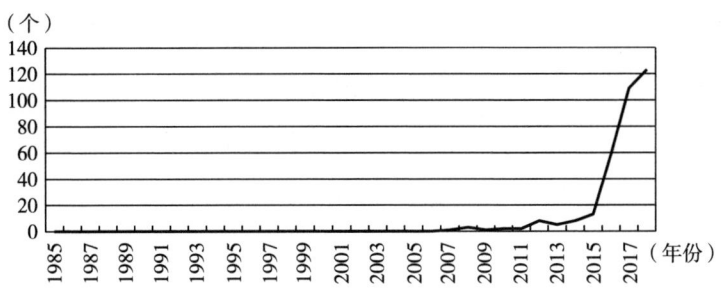

图7-4 银行业金融科技的发展趋势

表7-5 现代信息技术驱动的银行业金融科技统计

	大数据	区块链	数字货币	云计算	人工智能	机器学习	移动互联	物联网
国有商业银行	19	40	4	2	3	8	63	8
全国股份制银行	3	20	0	0	1	1	5	0
城市商业银行	2	1	0	0	0	0	1	0
民营银行	11	45	0	1	0	11	5	0
农村银行类金融机构	1	0	0	0	0	0	1	0
政策性银行	1	0	0	0	0	0	0	0
邮储银行	0	0	0	0	0	0	1	0
外资银行	0	0	0	0	0	0	0	0
监管机构	1	1	69	0	0	0	3	0
合计	38	107	73	3	4	20	79	8

分别为79项和73项，人工智能、物联网、云计算等领域的技术创新较少。通过对不同类型银行的比较可以发现，国有商业银行、民营银行以及中国人民银行等监管机构在金融科技方面的创新明显多于其他银行。进一步分析可知，这三类机构在对金融科技的应用上也存在显著的差别。具体而言，国有商业银行对金融科技的应用以移动互联为主，而民营银行在区块链技术领域表现突出，监管机构（主要指中国人民银行）的技术创新则主要体现在数字货币技术领域。该现象表明，银行技术创新与其经营模式密切相关。首先，近几年商业银行纷纷向零售银行转型，国有商业银行拥有较大的客户群体，客户对移动银行业务的需求为银行

技术创新提供了动力。其次,就民营银行而言,由于其定位为互联网银行和普惠银行,银行业务以线上为主,需要借助区块链技术进行数据的传输和存储,保障数据的可靠性。最后,数字货币技术便利了中国人民银行与商业银行之间的货币支付,降低了中国人民银行支付清算的成本。

综上所述,现代信息技术在银行业的应用还非常有限。大数据、云计算、人工智能、物联网等技术虽然能够缓解信息不对称,降低银行的信息成本和人力成本,但并未得到有效利用。因此,促进金融科技与银行业务的结合,提高银行服务效率和质量,仍有很长的路要走。

第四节 金融科技时代下的银行小微企业贷款

本节将在总结银行技术创新的基础上,分析金融科技对传统商业银行小微企业贷款的影响。

一、金融科技与银行贷款业务

由表7-3可知,与贷款业务直接相关的银行专利申请仅有104项,这意味着金融科技在银行贷款业务中的应用还比较有限。但从专利应用方向来看(见表7-4),有255项专利申请与银行风险防范相关,其中28项专利申请人是亿联银行等互联网银行,227项专利由传统商业银行提出。由此可见,相较于使用先进技术进行贷款业务创新而言,银行更偏好于将大数据等现代化信息技术用于与贷款业务相关的中后台操作中,如对信用风险进行管理,并且,从申请银行的类型来看,国有商业银行是主要的技术创新者,也是应用金融科技最多的传统商业银行。

从表7-5对现代信息技术驱动下的银行业金融科技的统计可知,在众多现代信息技术中，银行主要采用了区块链技术和移动互联技术。其中，移动互联技术主要涉及手机银行、网上银行等服务，与贷款业务的关系不大。然而区块链技术则通常被用于进行数据传递和存储，与贷款业务也无直接联系。

综上所述，目前金融科技在银行贷款业务中的应用还比较有限，更多地体现在为贷款业务的中后台操作提供技术支持。

二、金融科技时代下银行小微企业贷款的未来展望

由前文的分析可知，目前，金融科技在银行贷款领域的应用，尚停留在"重建底层逻辑"①，即运用大数据、云计算等现代信息技术，改进甚至颠覆银行业务开展的基础设施，实现对人工操作的替代。具体而言，包括运用大数据等技术提高对信息的提取、处理、传输、存储效率，使用移动互联等技术实现互联网化经营等方面。这种技术改进为银行小微企业贷款业务提供了更加有效的配套设施，有助于提高小微企业贷款效率。具体而言，小微企业"贷款难"的根结在于信息不对称，银行贷款成本过高。随着金融科技的应用，银行信息获取渠道被拓宽。例如，随着银行线上化业务的发展，银行可以采用与互联网银行相似的方法，从平台上获取客户信息，降低银行的信息生产成本，并且，通过线上数据与银行沉淀数据的结合，银行可以对借款企业进行更全面的了解，以提高贷前甄别的效率。此外，在供应链融资中，银行可将自身数据系统与供应链的资金流、物流等数据平台进行对接，及时获取借款企业的财务与经营信息。当信息积累到一定程度之后，银行可运用大数据、云计算、机器学习等技术实现对海量数据的处理和分析，并以这些数据为依据发放小微企业贷款。

金融科技还可通过其他形式，作用于银行小微企业贷款。下面，我们将以交通银行的"沃易贷"为例，对这种应用情况进行说明。

"沃易贷"是交通银行与中国联合网络通信有限公司（以下简称"联通公

---

① 郑万春：商业银行有望通过金融科技转型重构竞争优势 [EB/OL]．[2019-05-08]．http://www.financeun.com/newsDetail/24442.shtml?platForm=jrw.

司")合作的一款贷款产品。由交通银行向联通公司的代理销售商户中符合准入要求的商户提供其一定的授信额度，在有真实交易背景的前提下，允许商户通过联通公司"沃易购"电子商务交易平台自助提用贷款，定向用于支付"沃易购"平台订单。该贷款产品体现了银行贷款模式的创新，其优势主要在于，交通银行可通过联通公司的"沃易购"电商平台监控借款企业的真实交易情况，作为贷前甄别和贷后监督的主要依据。目前，这种"银行+电商平台"的贷款模式已被广泛用于小微企业贷款中，体现了金融科技对小微企业贷款的改善作用。

未来，随着商业银行基础设施的进一步升级，金融科技在银行小微企业贷款领域的应用将不再局限于为其提供更有力的技术支持。随着人工智能等技术的深入应用，银行将对其发展生态进行重塑，将会涌现一批新的小微企业贷款模式，甚至会突破当前的金融模式，为小微企业提供更高质量的贷款服务。

参考文献

[1] Aghion P, Bolton P. An Incomplete Contracts Approach to Financial Contracting [J]. Review of Economic Studies, 1992 (3): 473 – 494.

[2] Allen F, Mcandrews J, Strahan P. E – Finance: An Introduction [J]. Journal of Financial Services Research, 2002, 22 (1 – 2): 5 – 27.

[3] Allen F, Qian J, Qian M. Law, Finance, and Economic Growth in China [J]. Journal of Financial Economics, 2005, 77 (1): 57 – 116.

[4] Aoki M, Dinc S. Relational Financing as an Institution and its Viability under Competition [R]. SSRN Electronic Journal, 1997.

[5] Bester H. Screening and Rationing in Credit Market with Imperfect Information [J]. American Economic Review, 1985, 75 (4): 850 – 855.

[6] Bester H. The Role of Collateral in Credit Markets with Imperfect Information [J]. The European Economic Review, 1987, 31 (4): 887 – 899.

[7] Boot A W A. Relationship Banking: What Do We Know? [J]. Journal of Financial Intermediation, 2000, 9 (1): 7 – 25.

[8] Ang J S. On the Theory of Finance for Privately Held Firms [J]. Journal of Entrepreneurial Finance, 1992, 1 (3): 185 – 203.

[9] Ang J S. Small Business Uniqueness and the Theory of Financial Management

[J]. Journal of Entrepreneurial Finance, 1991, 1 (1): 1-13.

[10] Barasinska N, Schaefer D. Does Gender Affect Funding Success at the Peer-to-Peer Credit Markets?: Evidence from the Largest German Lending Platform [R]. Social Science Electronic Publishing, 2010.

[11] Berger A N, Demsetz R S, Strahan P E. The Consolidation of the Financial Services Industry: Causes, Consequences, and Implications for the Future [J]. Journal of Banking and Finance, 1999, 23 (2): 135-194.

[12] Berger A N, Frame W S, Ioannidou V. Tests of Exante Versus Expost Theories of Collateral Using Private and Public Information [J]. Journal of Financial Economics, 2011, 100 (1): 85-97.

[13] Berger A N, Udell G F. A More Complete Conceptual Framework for Financing of Small and Medium Enterprises [J]. Policy Research Working Paper, 2005, 30 (11): 2945-2966.

[14] Berger A N, Udell G F. Collateral, Loan Quality and Bank Risk [J]. Journal of Monetary Economics, 1990, 25 (1): 21-42.

[15] Berger A N, Udell G F. Line of Credit and Relationship Lending in Small Firm Finance [J]. The Journal of Business, 1995, 68 (3): 351-381.

[16] Berger A N, Udell G F. Small Business Credit Availability And Relationship Lending: The Importance Of Bank Organisational Structure - Media Briefings [J]. The Economic Journal, 2002, 112 (477): 32-53.

[17] Berger A N, Udell G F. The Economics of Small Business Finance: The Roles of Private Equity and Debt Markets in the Financial Growth Cycle [J]. Journal of Banking and Finance, 1998, 22 (6-8): 613-673.

[18] Berger A N, Udell G F. Universal Banking and the Future of Small Business Lending [R]. Working Papers, 1996.

[19] Berger S C, Gleisner F. Emergence of Financial Intermediaries in Electronic

markets: The Case of Online P2P Lending [J]. BuR – Business Research, 2009, 2 (1): 39 –65.

[20] Berlin M, Mester L J. On the Profitability and Cost of Relationship Lending [J]. Journal of Banking and Finance, 1998, 22 (6): 873 –897.

[21] Besanko D, Thakor A V. Collateral and Rationing: Sorting Equilibria in Monopolistic and Competitive Credit Markets [J]. International Economic Review, 1987, 28 (3): 671 –689.

[22] Besanko D, Thakor A V. Competitive Equilibrium in the Credit Market under Asymmetric Information [J]. Finance, 2004, 42 (1): 167 –182.

[23] Bester H, Hellwig M. Moral Hazard and Equilibrium Credit Rationing: An Overview of the Issues [J]. Agency Theory, Information, and Incentives, 1987, 120 (21): 135 –166.

[24] Blackwell D W, Winters D B. Banking Relationships and the Effect of Monitoring on Loan Pricing [J]. Journal of Financial Research, 1997, 20 (2): 275 – 289.

[25] Boot A W A, Thakor A V. Can Relationship Banking Survive Competition? [J]. Journal of Finance, 2000, 55 (2): 679 –713.

[26] Boot A W A, Thakor A V. Moral Hazard and Secured Lending in An Infinitely Repeated Credit Market Game [J]. International Economic Review, 1994, 35 (12): 899 –920.

[27] Boot A, Thakor A V, Udell G F. Secure Lending and Default Risk: Equilibrium Analysis, Policy Implications and Empirical Results [J]. The Economic Journal, 1991, 101 (406): 458 –472.

[28] Bradley M , Jarrell G A , Kim E H, et al. On the Existence of an Optimal Capital Structure: Theory and Evidence [J]. The Journal of Finance, 1984, 42 (3): 1245 –1260.

[29] Ceyhan S, Shi X, Leskovec J. Dynamics of Bidding in a P2P Lending Service: Effects of Herding and Predicting Loan Success [C] //International Conference on World Wide Web. ACM, 2011.

[30] Chan Y S, Kanatas G. Asymmetric Valuations and the Role of Collateral in Loan Agreements [J]. Journal of Money Credit and Banking, 1985, 17 (1): 84 – 95.

[31] Chittenden F, Hutchinson H P. Small Firm Growth, Access to Capital Markets and Financial Structure: Review of Issues and an Empirical Investigation [J]. Small Business Economics, 1996, 8 (1): 59 – 67.

[32] Cole R A, White L J. Cookie Lutter V S. Character: The Micro Structure of Small Business Lending by Large and Small Banks [J]. The Journal of Financial and Quantitative Analysis, 2004, 39 (2): 227 – 251.

[33] Cole R A. The Importance of Relationships to the Availability of Credit [J]. Jonrnal of Banking and Finance, 1998, 22 (6): 959 – 977.

[34] Collier B C, Hampshire R. Sending Mixed Signals: Multilevel Reputation Effects in Peer – To – Peer Lending Markets [C] //Acm Conference on Computer Supported Cooperative Work. ACM, 2010.

[35] Cowling M. The Role of Loan Guarantee Schemes in Alleviating Credit Rationing in the UK [J]. Journal of Financial Stability, 2010, 6 (1): 36 – 44.

[36] Cull R, Xu L C. Institutions, Ownership, and Finance: The Determinants of Profit Reinvestment Among Chinese Firms [J]. Journal of Financial Economics, 2005, 77 (1): 117 – 146.

[37] Degryse H, Cayseele P V. Relationship Lending with in a Bank – Based System: Evidence from European Small Business Data [J]. Journal of Financial Intermediation, 2000, 9 (1): 90 – 109.

[38] Diamond D W. Reputation Acquisition in Debt Markets [J]. Levine's

Working Paper Archive, 1998, 97 (4): 828 - 862.

[39] Duarte J, Siegel S, Young L. Trust and Credit: The Role of Appearance in Peer - To - Peer Lending [J]. The Review of Financial Studies, 2012, 25(8): 2455 - 2484.

[40] Elsas R, Krahnen J. Is Relationship Lending Special? Evidence From Credit - File Data in Germany [J]. Journal of Banking and Finance, 1998, 22 (10 - 11): 1283 - 1316.

[41] Fabbri D, Menichini A M C. Trade Credit, Collateral Liquidation, and Borrowing Constraints [J]. Journal of Financial Economics, 2010, 96 (3): 413 - 432.

[42] Freedman S, Jin G Z. Do Social Networks Solve Information Problems for Peer - To - Peer Lending? Evidence from Prosper. Com [R]. NET Institute, 2008.

[43] Giannetti M, Burkart M, Ellingsen T. What You Sell is What You Lend? Explaining Trade Credit Contracts [J]. The Review of Financial Studies, 2011, 24 (4): 1261 - 1298.

[44] Glennon D, Nigro P. An Analysis of SBA Loan Defaults by Maturity Structure [J]. Journal of Financial Services Research, 2005, 28 (1 - 3): 77 - 111.

[45] Greenbaum S I, Kanatas G, Venezia I. Equilibrium Loan Pricing under the Bank - client Relationship [J]. Journal of Banking and Finance, 1989, 13 (2): 221 - 235.

[46] Harhoff D, Körting T. Lending Relationships in Germany - Empirical Evidence from Survey Data [J]. Journal of Banking and Finance, 1998, 22 (10 - 11): 1317 - 1353.

[47] Harris M, Raviv A. Corporate Control Contests and Capital Structure [J]. Journal of Financial Economics, 1988, 20 (1 - 2): 55 - 86.

[48] Haynes G W, Ou C, Berney R. Small Business Borrowing from Large and Small Banks [R]. Proceedings, 1999 (776): 287 - 327.

[49] Herrero-Lopez S. Social Interactions in P2P Lending [C]. Proceedings of the 3rd Workshop on Social Network Mining and Analysis. Paris: ACM, 2019: 1-8.

[50] Herzenstein M, Andrews R L. The Democratization of Personal Consumer Loans? Determinants of Success in Online Peer-To-Peer Loan Auctions [J]. Bulletin of the University of Delaware, 2008, 15 (3): 274-277.

[51] Herzenstein M, Dholakia U M, Andrews R L. Strategic Herding Behavior in Peer-to-Peer Loan Auctions [J]. Journal of Interactive Marketing, 2011, 25 (1): 27-36.

[52] Hester D D. Customer Relationships and Terms of Loans: Evidence from a Pilot Survey: A Note [J]. Journal of Money Credit and Banking, 1979, 11 (3): 349-357.

[53] Horne V, James C. Of Financial Innovations and Excesses [J]. The Journal of Finance, 2012, 40 (3): 621-631.

[54] Jappelli T. Who is Credit Constrained in the U. S. Economy? [J] The Quarterly Journal of Economics, 1990, 105 (1): 219-234.

[55] Jensen M C. Agency Costs of Free Cash Flow, Corporate Finance, and Takeovers [J]. The American Economic Review, 1986, 76 (2): 323-329.

[56] Jimenez G, Salas V, Saurina J. Determinants of Collateral [J]. Journal of Financial Economics, 2006, 81 (2): 255-281.

[57] Katz A W. An Economic Analysis of the Guaranty Contract [J]. The University of Chicago Law Review, 1999, 66 (1): 47-116.

[58] Klafft M. Peer to Peer Lending: Auctioning Microcredits over the Internet [C]. Proceeding of the 2008 Intl Conference on Information Systems, Technology and Management, Dubai: IMT, 2008: 1-8.

[59] Kraus A, Litzenberger R H. A State-Preference Model of Optimal Finan-

cial Leverage [J]. The Journal of Finance, 1973, 28 (4): 911 -922.

[60] Krumme K A, Herrero S. Lending Behavior and Community Structure in an Online Peer - to - Peer Economic Network [J]. International Conference on Computational Science & Engineering, 2009 (4): 613 -618.

[61] Kumar R, Liu Y, Ross K. Stochastic Fluid Theory for P2P Streaming Systems [C]. 26th IEEE International Conference on Computer Communications, 2007.

[62] Larrimore L, Jiang L, Larrimore J, et al. Peer to Peer Lending: The Relationship Between Language Features, Trustworthiness, and Persuasion Success [J]. Journal of Applied Communication Research, 2011, 39 (1): 19 -37.

[63] Lee E, Lee B. Herding Behavior in Online P2P Lending: An Empirical Investigation [J]. Electronic Commerce Research and Applications, 2012, 11 (1 - 6): 495 -503.

[64] Lee Y W, Stowe J D. Product Risk, Asymmetric Information, and Trade Credit [J]. Journal of Financial and Quantitative Analysis, 1993, 28 (2): 285 -300.

[65] Liberti J M, Petersen M A. Information: Hard and Soft [R]. SSRN Electronic Journal, 2004.

[66] Liberti J M. Initiative, Incentives and Soft Information. How Does Delegation Impact the Role of Bank Relationship Managers? IFA Working Paper No. 404 [R]. London Business School, 2004.

[67] Lin M, Prabhala N R, Viswanathan S, Cohen - Cole E, Hoberg J, Kadyrzhanova D. Social Networks as Signaling Mechanisms: Evidence from Online Peer - To - Peer Lending [R]. SSRN Electronic Journal, 2009.

[68] Luo B, Lin, Z. A Decision Tree Model for Herd Behavior and Empirical Evidence from the Online P2P Lending Market [J]. Information Systems and E - Business Management, 2013, 11 (1) : 141 -160.

[69] Menkhoff L, Neuberger D, Rungruxsirivorn O. Collateral and Its Substitutes in Emerging Markets' Lending [J]. Journal of Banking and Finance, 2012, 36 (3): 817-834.

[70] Michels J. Do Unverifiable Disclosures Matter? Evidence from Peer-to-Peer Lending [J]. The Accounting Review, 2012, 87 (4): 1385-1413.

[71] Miller M H. Debt and Taxes [J]. The Journal of Finance, 1977, 32 (2): 261-275.

[72] Modigliani B F, Miller M. Corporate Income Taxes and the Cost of Capital: A Correction [J]. American Economic Review, 1963, 53 (3): 433-443.

[73] Mushinski D W. An Analysis of Offer Functions of Banks and Credit Unions in Guatemala [J]. Journal of Development Studies, 1999, 36 (2): 88-112.

[74] Myers S C, Majluf N S. Corporate Financing and Investment Decisions When Firms Have Information That Investors Do Not Have [J]. Journal of Financial Economics, 1984, 20 (2): 293-315.

[75] Myers S C. Capital Structure Puzzle [J]. The Journal of Finance, 1984, 39 (3): 575-592.

[76] Niehans J. Financial Innovation, Multinational Banking, and Monetary Policy [J]. Journal of Banking & Finance, 1983, 7 (4): 537-551.

[77] Ono A, Uesugi I, Yasuda Y. Are Lending Relationships Beneficial or Harmful for Public Credit Guarantees? Evidence from Japan's Emergency Credit Guarantee Program [J]. Journal of Financial Stability, 2013, 9 (2): 151-167.

[78] Orgler Y E. A Credit Scoring Model for Commercial Loans [J]. Journal of Money Credit and Banking, 1970, 2 (4): 435-445.

[79] Petersen M A, Rajan R G. The Benefits of Lending Relationships: Evidence from Small Business Data [J]. The Journal of Finance, 1994, 49 (1): 3-37.

[80] Petersen M A, Rajan R G. Trade Credit: Theory and Evidence [J]. The Review of Financial Studies, 1997, 10 (3): 661-691.

[81] Petersen M, Rajan R. The Effect of Credit Market Concentration on Firm Creditor Relationships [J]. Quarterly Journal of Economics, 1995 (110): 406-443.

[82] Pope D G, Sydnor J R. What's in a Picture? Evidence of Discrimination from Prosper. com [J]. Journal of Human Resources, 2011, 46 (1): 53-92.

[83] Puro L, Teich J E, Wallenius H, et al. Borrower Decision Aid for People-To-People Lending [J]. Decision Support Systems, 2010, 49 (1): 52-60.

[84] Putnam R. Social Capital and Public Affairs [J]. The American Prospect, 1993 (13): 35-42.

[85] Ryan J, Reuk K, Wang C. To Fund Or Not To Fund: Determinants of Loan Fundability in the Prosper. Com Marketplace [R]. The Standord Graduate School of Business, 2007.

[86] Schreft S L, Villamil A P. Credit Rationing by Loan Size in Commercial Loan Markets [J]. Economic Review, 1992, 78 (3): 3-8.

[87] Serkan A, Aksoy S, Atilgan E. Adoption of Internet Banking among Sophisticated Consumer Segments in An Advanced Developing Country [J]. International Journal of Bank Marketing, 2004, 22 (3): 212-232.

[88] Sharpe S A. Asymmetric Information, Bank Lending, and Implicit Contracts: A Stylized Model of Customer Relationships [J]. The Journal of Finance, 1990, 45 (4): 1069-1087.

[89] Shen D, Krumme C, Lippman A. Follow the Profit or the Herd? Exploring Social Effects in Peer-to-Peer Lending [C] //2010 IEEE Second Intornational Conference on Social Computing, 2010: 137-144.

[90] Shen Y, Shen M, Xu Z, et al. Bank Size and Small-and Medium-sized Enterprise (SME) Lending: Evidence from China [J]. World Development, 2009,

37 (4): 800 – 811.

[91] Stein J C. Information Production and Capital Allocation: Decentralized Versus Hierarchical Firms [J]. The Journal of Finance, 2002, 57 (5): 1891 – 1921.

[92] Stiglitz J E, Weiss A. Credit Rationing in Markets with Imperfect Information [J]. The American Economic Review, 1981, 71 (3): 393 – 410.

[93] Stiglitz J E, Weiss A. Credit Rationing with Many Borrowers [J]. American Economic Review, 1987 (77): 228 – 231.

[94] Stiglitz J E, Weiss A. Incentive Effects of Termination: Applications to the Credit and Labor Markets [J]. American Economic Review, 1983, 73 (5): 1069 – 1087.

[95] Stulz R. Managerial Control of Voting Rights: Financing Policies and the Market for Corporate Control [J]. Journal of Financial Economics, 1988 (20): 25 – 54.

[96] Taketa K, Udell G F. Lending Channels and Financial Shocks: The Case of Small and Medium – Sized Enterprise Trade Credit and the Japanese Banking Crisis [J]. Monetary and Economic Studies, 2007, 25 (2): 1 – 44.

[97] Uesugi I, Sakai K, Yamashiro G M. The Effectiveness of Public Credit Guarantees in the Japanese Loan Market [J]. Journal of the Japanese and International Economies, 2010, 24 (4): 457 – 480.

[98] Weiss G N F, Pelger K, Horsch A. Mitigating Adverse Selection in P2P Lending – Empirical Evidence from Prosper. com [R]. Social Science Electronic Publishing, 2010.

[99] Wette H C. Collateral in Credit Rationing in Markets with Imperfect Information: Note [J]. American Economic Review, 1983, 73 (3): 442 – 445.

[100] Williamson O E. Hierarchical Control and Optimum Firm Size [J]. Jour-

nal of Political Economy, 1967, 75 (2): 123 - 138.

[101] Williamson S D. Costly Monitoring, Financial Intermediation, and Equilibrium Credit Rationing [J]. Journal of Monetary Economics, 1986, 18 (2): 159 - 179.

[102] Wilson P F. The Pricing of Loans in a Bank - Borrower Relationship [R]. Working Paper, 1993.

[103] Zhang J, Liu P. Rational Herding in Microloan Markets [J]. Social Science Electronic Publishing, 2012, 58 (5): 892 - 912.

[104] Zhang X M, Song Z L, Zhong Z. Does "Small Bank Advantage" Really Exist? Evidence from China [J]. International Review of Economics and Finance, 2016 (42): 368 - 384.

[105] 曹敏, 何佳, 潘启良. 金融中介及关系银行——基于广东外资企业银行融资数据的研究 [J]. 经济研究, 2003 (3): 44 - 53.

[106] 陈冬宇, 赖福军, 聂富强. 社会资本、交易信任和信息不对称——个人对个人在线借贷市场的实验研究 [J]. 北京航空航天大学学报（社会科学版）, 2013, 26 (4): 75 - 83.

[107] 狄娜. 一体两翼三层担保体系一路走好 [J]. 科技创业月刊, 2003 (8): 28 - 29.

[108] 范永霞. 物联网金融概论 [M]. 北京: 中国金融出版社, 2018.

[109] 高旺东, 贺创业. 贷款保证担保有效性问题研究 [J]. 金融发展研究, 2009 (11): 30 - 35.

[110] 苟琴, 黄益平. 我国信贷配给决定因素分析——来自企业层面的证据 [J]. 金融研究, 2014 (8): 1 - 17.

[111] 郝蕾, 郭曦. 卖方垄断市场中不同担保模式对企业融资的影响——基于信息经济学的模型分析 [J]. 经济研究, 2005 (9): 58 - 65.

[112] 胡跃飞, 黄少卿. 供应链金融: 背景、创新与概念界定 [J]. 财经

问题研究,2009(8):76-82.

[113] 黄东坡.中小企业融资结构理论述评[J].征信,2013,31(9):85-88.

[114] 焦瑾璞,陈瑾.建设中国普惠金融体系:提供全民享受现代金融服务的机会和途径[M].北京:中国金融出版社,2009.

[115] 李琳,粟勤.关系型银行与中小企业贷款的可获得性——对中小企业问卷调查的实证分析[J].金融论坛,2011,16(4):51-58.

[116] 李文豪.我国银行经营绩效评价标准对信贷配给程度的影响[J].金融研究,2006(10):82-89.

[117] 李焰,高弋君,李珍妮等.借款人描述性信息对投资人决策的影响——基于P2P网络借贷平台的分析[J].经济研究,2014(S1):145-157.

[118] 李悦雷,郭阳,张维.中国P2P小额贷款市场借贷成功率影响因素分析[J].金融研究,2013(7):126-138.

[119] 李志赟.银行结构与中小企业融资[J].经济研究,2002(6):38-45.

[120] 廖理,李梦然,王正位.聪明的投资者:非完全市场化利率与风险识别——来自P2P网络借贷的证据[J].经济研究,2014,49(7):125-137.

[121] 林毅夫,李永军.中小金融机构发展与中小企业融资[J].经济研究,2001(1):10-18.

[122] 刘彬.银行贷款行为实证分析[D].北京:北京大学,2006.

[123] 刘峤,李杨,段宏等.知识图谱构建技术综述[J].计算机研究与发展,2016,53(3):582-600.

[124] 刘艳,范静.金融机构利率差别定价策略对农村信贷配给的影响分析[J].金融理论与实践,2014(8):111-114.

[125] 陆正飞,杨德明.商业信用:替代性融资,还是买方市场?[J].管理世界,2011(4):6-14.

[126] 穆争社. 论信贷配给对宏观经济波动的影响 [J]. 金融研究, 2005 (1): 74-81.

[127] 彭冰. P2P 网贷监管模式研究 [J]. 金融法苑, 2014, 15 (2): 247-265.

[128] 彭江波. 以互助联保为基础构建中小企业信用担保体系 [J]. 金融研究, 2008 (2): 75-82.

[129] 平新乔, 杨慕云. 信贷市场信息不对称的实证研究——来自中国国有商业银行的证据 [J]. 金融研究, 2009 (3): 1-18.

[130] 齐志鲲. 银行惜贷、信贷配给与货币政策有效性 [J]. 金融研究, 2002 (8): 67-74.

[131] 钱金叶, 杨飞. 中国 P2P 网络借贷的发展现状及前景 [J]. 金融论坛, 2012 (1): 46-51.

[132] 阙方平. 物联网金融: 一场新的金融革命正悄然来临 [J]. 武汉金融, 2015 (1): 21-24.

[133] 宋亚敏, 黄绪江. 对信贷配给模型的基层实证: 咸宁个案 [J]. 金融研究, 2002 (3): 17-22.

[134] 宋卓霖. 中小微企业融资中的贷款技术与风险缓释机制研究——来自银行贷款与 P2P 网络借贷的证据 [D]. 成都: 西南财经大学, 2016.

[135] 王传东, 王家传. 中小企业信用担保的国际经验与借鉴 [J]. 国际金融研究, 2005 (10): 28-32.

[136] 王会娟, 廖理. 中国 P2P 网络借贷平台信用认证机制研究——来自"人人贷"的经验证据 [J]. 中国工业经济, 2014 (4): 136-147.

[137] 王会娟. P2P 网络借贷中出借人的投资策略 [J]. 金融论坛, 2014, 19 (10): 29-36.

[138] 王静, 吕罡, 周宗放. 信贷配给突变分析——破解信贷配给难题的理论模型 [J]. 金融研究, 2011 (8): 178-191.

[139] 王念, 王海军. "中国式"互联网金融：技术基础与基本模式 [J]. 西南金融, 2014 (6): 43-46.

[140] 王霄, 张捷. 银行信贷配给与中小企业贷款——一个内生化抵押品和企业规模的理论模型 [J]. 经济研究, 2003 (7): 68-75.

[141] 王彦超, 林斌. 金融中介、非正规金融与现金价值 [J]. 金融研究, 2008 (3): 177-199.

[142] 魏锋, 沈坤荣. 所有制、债权人保护与企业信用贷款 [J]. 金融研究, 2009 (9): 26-39.

[143] 文远华. 中国经济转型时期信贷配给问题研究 [M]. 上海：上海人民出版社, 2005.

[144] 吴洁. 关系型贷款研究综述 [J]. 金融纵横, 2005 (10): 15-17.

[145] 谢平, 邹传伟, 刘海二. 互联网金融手册 [M]. 北京：中国人民大学出版社, 2014.

[146] 谢平, 邹传伟. 互联网金融模式研究 [J]. 金融研究, 2012 (12): 11-22.

[147] 辛宪. P2P运营模式探微 [J]. 商场现代化, 2009 (21): 19-22.

[148] 胥岢. 融资担保业现状、问题及规范发展探讨 [J]. 西南金融, 2015 (4): 52-54.

[149] 杨家才. 农户小额信用贷款实证研究 [J]. 金融研究, 2003 (3): 86-97.

[150] 杨天宇. 国有商业银行对民营企业的信贷配给行为研究 [J]. 经济科学, 2002, 24 (4): 56-63.

[151] 尹志超, 甘犁. 信息不对称、企业异质性与信贷风险 [J]. 经济研究, 2011 (9): 121-132.

[152] 尹志超, 钱龙, 吴雨. 银企关系、银行业竞争与中小企业借贷成本 [J]. 金融研究, 2015 (1): 134-149.

[153] 尤瑞章,张晓霞. P2P 在线借贷的中外比较分析——兼论对我国的启示 [J]. 金融发展评论,2010 (3): 97 – 105.

[154] 袁增霆,蔡真,王旭祥. 中国小企业融资难问题的成因及对策——基于省级区域调查问卷的分析 [J]. 经济学家,2010 (8): 70 – 76.

[155] 战明华,王晓君,应诚炜. 利率控制、银行信贷配给行为变异与上市公司的融资约束 [J]. 经济学(季刊),2013 (4): 1255 – 1276.

[156] 张昊天. 应用债券市场工具应对小微企业融资难问题研究 [J]. 山东纺织经济,2019,266 (4): 27 – 30.

[157] 张捷,梁笛. 我国中小企业贷款约束的影响因素分析 [J]. 暨南学报(人文科学与社会科学版),2004 (1): 40 – 44.

[158] 张捷. 中小企业的关系型借贷与银行组织结构 [J]. 经济研究,2002 (6): 32 – 37.

[159] 张军,金煜. 中国的金融深化和生产率关系的再检测: 1987 – 2001 [J]. 经济研究,2005 (11): 34 – 45.

[160] 张龙耀,江春. 中国农村金融市场中非价格信贷配给的理论和实证分析 [J]. 金融研究,2011 (7): 98 – 113.

[161] 张晓玫,钟祯. 银行规模与上市中小企业贷款——基于中国上市中小企业银行贷款数据的经验研究 [J]. 南开经济研究,2013 (2): 94 – 111.

[162] 张晓玫,钟祯. 中国上市中小企业信息特征、银企关系与贷款担保决策——基于金融危机下上市中小企业银行贷款数据的经验研究 [J]. 投资研究,2012,31 (12): 71 – 86.

附 录

2011～2018年各省份数字普惠金融信贷使用指数

行政区划	2011年	2012年	2013年	2014年	2015年	2016年	2017年	2018年
北京市	76.75	141.07	131.17	120.76	173.81	172.79	210.41	216.26
天津市	43.73	110.61	100.24	97.95	143.47	155.95	188.37	191.02
河北省	54.49	105.02	88.71	79.94	127.69	145.45	170.23	166.12
山西省	22.42	68.17	50.21	53.43	97.75	134.39	159.25	163.01
内蒙古自治区	22.42	74.75	72.3	53.41	100.99	125.88	141.03	141.03
辽宁省	42.31	98.21	90.42	87.32	132.75	152.9	182.83	169.26
吉林省	24.13	85.27	76.01	73.74	113.84	144.93	170.99	159.5
黑龙江省	35.28	83.4	72.84	75.98	111.5	142.58	173.3	160.68
上海市	90.3	156.94	156.87	142.88	201.7	190.79	231.81	243.08
江苏省	79.35	133.23	125.46	119.53	173.28	174.22	205.11	208.82
浙江省	90.48	156.52	144.69	139.65	196.9	189.77	224.29	229.7
安徽省	62.54	113.52	100.96	98.99	149.57	161.8	188.94	191.8
福建省	76.87	132.49	122.6	124.93	185.79	180.46	210.3	215.68
江西省	58.04	108	93.4	98.59	151.45	157.1	182.36	186.82
山东省	63.38	114.51	101.22	91.92	141.22	154.33	180.27	179.46
河南省	53.88	99.63	83.51	84.05	130.9	146.68	170.34	178.31
湖北省	55.47	109.77	99.5	99.75	146.92	159.41	192.9	199.53
湖南省	65.29	108.49	90.4	94.02	143.89	158.56	181.95	178.89
广东省	95.96	155.34	137.12	128.04	187.62	181.38	209.91	214.14

续表

行政区划	2011年	2012年	2013年	2014年	2015年	2016年	2017年	2018年
广西壮族自治区	44	92.72	72.55	82.67	133.25	149.01	174.67	177.77
海南省	56.06	104.05	80.81	71.93	128.84	134.72	171.45	184.31
重庆市	42.14	92.12	86.97	92.5	132.4	147.53	179.45	178.41
四川省	53.74	109.68	96.41	96.92	141.43	154.36	181.94	177.18
贵州省	16.79	63.49	41	55.52	95.4	131.03	157.08	161.93
云南省	33.58	88.67	72.86	82.03	122.14	141.41	164.67	166.04
西藏自治区	18.46	37.98	29.17	21.11	87.66	113.15	146.69	152.56
陕西省	30.71	85.23	68	72.71	116.87	140.55	166.68	173.95
甘肃省	15.59	52.57	36.43	35.84	84.74	111.11	132.77	142.63
青海省	1.16	20.57	22.35	24.58	85.05	118.71	135.86	141.36
宁夏回族自治区	16.51	67.53	46.74	41.97	90.12	118.95	138.21	144.76
新疆维吾尔自治区	12.05	58.5	59.57	50.72	92.83	112.29	131.99	135.86